カリキュラムマネジメント

―学力向上へのアクションプラン―

田村知子

目次

はじめに

学校の教師が、子どもの前に立つとき、教育的愛情や情熱、そして自信とゆとりをもって臨む。これが理想です。しかし、教師は多忙化し、子どもと向き合う時間や授業準備の時間の確保が難しい状況です。一方、学校評価の法制化や全国学力・学習状況調査の実施などにより、学校は結果を出すよう強く求められるようになりました。そのような状況を踏まえ、学校の組織的取り組みによって、教師が「本来の仕事」である授業に注力し、子どもに確かな学力を育成できるよう支援しなければなりません。本書のテーマであるカリキュラムマネジメントは、そのためのひとつの理論と方法を提供するものです。

「カリキュラムマネジメント」は聞き慣れないカタカナ用語かもしれません。しかし、これは特別なことを新規に始めることではありません。学校で毎日実施している授業、今までも取り組んできた授業研究、毎年作成して教育委員会に提出する教育課程、校務分掌の組織や時間の使い方などを見直し、より効果的かつ効率的な教育活動を実現するための考え方と手法を提案するものです。

ここで、「カリキュラム」という用語について確認しておきます。学校では通常、「カリキュラム」よりも「教育課程」を使用することが多いと思います。「教育課程」は「curriculum」の訳語であり、どちらも学校の教育計画を想起させますが、両者はニュアンスが異なる使い方をされることがあります。カリキュラムの語源（ラテン語のcurrere）は、競争路などの「コース」を意味し、「人生の来歴」の意味も含みます。カリキュラムは教育計画だけを指すのではなく、教育計画の実施段階である授業や、子どもが実際に学んだことまでを含む概念です。一方、教育課程は「実際に児童・生徒がもつところの教育的な諸経験、または諸活動の全体（昭和二六年学習指導要領）」と説明されたこともありますが、現在では「各学校の教育計画（平成二〇年学習指導要領総則）」と説明され、一般的には、年度初めに各学校で作成し教育委員会に提出する計画文書を指します。そのため、わが国では、「計画は計画」「授業は授業」という分離の状態が起こりがちで、「カリキュラムではなく、紙キュラムになっている」と言われることもあります。学校では、カリキュラムを計画（教育課程）しても、その実施（授業）は最終的には授業者と教室に委ねられます。さらに、同じ授業を受けても、一人ひとりの子どもの中の学びは異なります。つまり、子ども一人ひとりの中には、個別のカリキュラムが形成されることになります。カリキュラムを、「子どもの学びの総体」という広義の意味でとらえると、子どもが本当に何を学んだか／学んでいないか、への注目を促します。カリキュラムは計画するだけでなく、適切に実施され、子どもに育成したい学力をつけているかを検証する、そのためのマネジメントが必要なのです。

なお、本書では、カリキュラムマネジメントの考え方と手法について、事例を交えて解説します。各事例には、実践的な知恵がつまっており、「目から鱗が落ちる」ような取り組みもあります。ぜひ、参考にしていただければと思います。ただし、事例はあくまでも、その学校の実践です。すべてがそのまま使えるわけではありませんし、取り入れる必要がないものもあるでしょう。事例は、勤務校の実態・課題に応じて、自校化した上で活用してください。では勤務校のカリキュラムマネジメントの実践は、どこが優れていてどこが手薄なのか、これを自己診断するためには、本書「目次」の右ページに掲載のカリキュラムマネジメントの分析シートを活用していただければと思います。カリキュラムを中心として、学校全体を俯瞰するための地図となるでしょう。

本書が学校の実践を、より豊かにすることに役立つことを願ってやみません。

第1章　今、学校は

Ⅰ　教師の多忙化と授業への影響

ＮＰＯ法人日本標準教育研究所が二〇一二（平成二四）年度に、三回にわたる「小学校教師の意識についてのアンケート」調査（以下、「小学校教師調査」と省略）を実施し、小学校教師の現状と課題に迫りました(1)。同「小学校教師調査」は、回答者の属性について男性教師（七一・六％）や勤続二〇年以上のベテラン教師（七三・四％）の比率が現場の実態より高い、という制約があるものの、それだけに勤続年数が長く経験豊富な教師の意見が集約されたものとみることができます。本書は、この調査結果を紐解くことから始めましょう。

この調査において、改めて明らかになったのが、教師の多忙化の進行です。同調査では、回答者の七六％が「教師としてこうありたいと思っていたことと現状の違い」として、「時間的な忙しさ」を挙げました。また、五〇％が「精神的なゆとり」を挙げました。教師の多忙化が議論に登るようになって久しいのですが、解消せず更なる多忙化の様相を呈しています。折しも、経済協力開発機構（ＯＥＣＤ）が三三カ国・地域の中学校教師を対象に実施した国際教員指導環境調査（ＴＡＬＩＳ）の結果が公表されました(2)。調査対象は中学校ですが、国際比較において、日本の教師の授業以外の業務による多忙の実態が明白になりました。

両調査結果に共通して明らかになったのは、勤務時間が長時間にわたるにもかかわらず授業にかける時間が短い、という実態です。「小学校教師調査」では、学校にいる時間は平均一一時間三〇分、帰宅後に自宅で仕事をする割合は九二％（内容は、校内文書作成六七％、授業準備六五％、テストの採点四八％、学級通信四八％）、休みの土日祝日に学校で仕事をすることがある教師の割合は六七％（月平均二・二日休日出勤）であることが示されました。「小学校教師調査」では、直接的に多忙化の要因を尋ねていませんが、自由記述等から、事務的な仕事や保護者対応などが授業以外の負担増の要因と考えられています。ＴＡＬＩＳでは、課外活動の指導（日本：週七・七時間、参加国・地域平均：二・一時間）、一般的事務業務（日本：週五・五時間、参加国・地域平均：週二・九時間）にかける時間が、参加国・地域の平均より長時間であることが明らかにされています。その結果、教師本来の仕事である、「授業の準備」や「子どもと向き合う」ための時間が圧迫されています。「小学校教師調査」では、「授業や学級づくりに時間がとれない」と答えた割合は七七％（「とてもそう思う」と「まあそう思う」の合計）です。より詳しく授業の準備について尋ねた設問に対しては、「十分とはいえないが、前日には準備を終えるようにしている（三七％）」「必要な単元については、しっかり準備をしている（三〇％）」「毎時間、しっかりと事前に準備をしている（六％）」など、「時間がとれない」と思いながらも努力する姿がみられます。「時間の余裕がないので、授業の直前に確認している（一三％）」「単元や各時のねらいについては、確認している（一一％）」という、ギリギリの姿もみられます。

この実態は、物理的に忙しく身体的に疲れる、というだけではない影響を教師に及ぼします。「小学校教師調査」では、教師に必要な力量として「わかりやすく授業を展開していく力（教材の組立、話し方、板書）」が第一位（八四％）に挙げられています。また、自分の授業に対する意識として、謙虚さもあるでしょうが、「教師として授業には、自信をもっている」は一五％に留まります。「教科や単元によっては、苦手なものもある（五二%）」など、自己の授業力への課題認識は高いのです。教材研究の時間が確保できないことは、授業力形成を阻み、ひいては教職への自信にも影響を及ぼすのではないでしょうか。

Ⅱ　教育目標が意識されない授業

アメリカのカリキュラム研究者、ウィギンズとマクタイは、その著書の中で、実践によくみられる二つの事例をあげ、両者に共通する「双子の過ち」を指摘しています(3)。ひとつめの事例は、高校世界史の教師が学年末が近づき、教科書が終わりそうにないため、早送りの講義モードに切り替えてとにかく教科書を終わらせようとする、というものです。二つめの事例は、小学校における大々的な体験的な学習、「リンゴの単元」です。子どもたちはリンゴにまつわる調べ学習や製作を繰り返し、保護者と一緒に迎える「リンゴ祭り」がフィナーレとなります。ウィギンズらは、これら両者は全く異なるスタイルの授業であるが、共通して、「結果志向の授業ではない」という問題点を抱えていると指摘します。つまり、授業で何をめざすかが明らかにされないまま、かたや教科書にちょっと触れることで指導したことにし、一方は、とにかく体験していれば何かを学ぶだろうと信じて行われます。これは、アメリカの事例ですが、わが国でも、これに近いことはないでしょうか。いわゆる「教科書をこなす授業」や「活動ありきの授業」です。

筆者は講師を務める教員研修会で、受講されている先生方に、「学校の教育目標を言えますか？」と尋ねます。教務主任は言える方が大半ですが、首をかしげる先生も中にはいらっしゃいます。校長会や教頭会の研修会では、「学校の先生方は、ご自身と同じように、学校教育目標を言えると思いますか？」とお尋ねしますが、苦笑する管理職もいらっしゃいます。毎時間の授業で「めあて」が示されていない授業を見かけることもあります。筆者がこれまで収集した質的データによれば、教育目標に関しては、「学校の教育目標は毎年同じで、新しい時代を見据えた検討が行われていない」「目標の達成について、教職員はあまり意識していない」といった実態の学校も存在します。

学校教育は、家庭教育とは違い、公的機関が意図的・計画的・組織的に行う教育です。子どもに育成すべき資質・能力や、身につけさせる知識・技能などについて、目標を定め、その具現化に向けて教育活動を行う必要があるにもかかわらず、現実にはそうはなっていない学校があることも事実です。

Ⅲ　教育内容増加と授業観転換の要請

平成二〇年の学習指導要領改訂について、学校現場はどのように受け止めたのでしょうか。理数系を中心に教授内容が増加し、教科書も三割程度厚くなりましたが、「内容増加に見合う時数増加ではなく、授業を急いで進めなくてはならない」という受け止めはないでしょうか。「小学校教師調査」では、回答者の二一％が、「教科書も厚くなり、内容が増えてやりきれない」と答えています。また、この改訂では、思考力・判断力・表現力の課題を克服するため、各教科等における言語活動の充実が「各教科等を貫く重要な改善の視点である（中央教育審議会答申、平成二〇年一月一七日）」とされ、各教科レベルで授業の在り方を見直し、変えることが要求されました。しかし、「小学校教師調査」では、回答者の三〇％が「活用力（「思考・判断・表現」）を育成するための指導がうまくいかない」と答えており、授業観・授業方法の変化に十分対応できていない実態が浮かび上がっています。

Ⅳ　求められる同僚性

文部科学省「学校教育統計調査」によると、平成二五年度の小学校教師の年齢構成における五〇歳以上の教師の割合は三八・三％、三〇歳未満の割合は一五・三％です(4)。教師の大量退職・大量採用は都市部から地方へと広がりつつあります。教師の世代交代は学校に新しい風を吹き込む良さもありますが、その良さは若手教師に一定の指導力が形成されないことには実感しにくく、若手教師の力量形成は喫緊の課題です。同時に、Ⅲで述べたように授業観の転換が要請されている今、ベテラン教師にとっても、これまであまり取り組んでこなかった授業方法にチャレンジする必要が生じています。そのような状況においては、ベテラン教師から若手教師への伝承と同時に、世代を問わず活用型授業の開発や修得が求められます。

授業開発の主な機会は授業研究でしょう。わが国の授業を中心とした学校内の研究・研修は一〇〇年以上前から始まり、授業研究はわが国の教師文化の重要な一翼を担っています。近年では「授業研究」が「レッスンスタディ」と訳され、海外の研究者と実践家の注目を集めています。しかし現実には、授業を公開することに忌避的な教師、ごく限られた教職員だけが発言する研究協議会、表面的に褒め合って終わる研究協議会などが存在します。授業を核として校内の教職員が切磋琢磨し学び合う授業研究は、わが国教師の同僚性が顕在化する機会であるにもかかわらず、必ずしも同僚性が機能していない学校もあるのです。

今、学校は、子どもや保護者の多様性や社会の複雑性への対応が求められています。また、授業においては、高次の思考力の育成が求められています。今こそ、教師がつながり、学び合い、支援し合う同僚性が求められています。

Ｖ　子どもの力を伸ばす学校

学校の困難な現状を指摘してきました。問題を解決できない場合、最終的なしわ寄せが子どもにいくのは目に見えています。ＯＥＣＤ平均よりも多い一学級あたりの児童数（日本：二八・〇人、平均：二一・六人）、教員一人あたりの児童数（日本：十八・八人、平均：一三・七人）はわが国の教育行政の問題です。学校からも行政へ訴え続け、子どもたちのために、よりよい条件を勝ち取る努力を続けなくてはなりません。しかし制度が変わり予算化されるには時間がかかります。その間、子どもの教育は「待ったなし」であるのも事実です。教師が子どもと向き合い、授業づくりに集中する時間をつくる自助努力が必要です。現時点では「これさえすればよい」という魔法の解決策は見当たりません。それでも、子どもの力を確実に伸ばす学校はあります。子どもの課題を解決し、成長を実感し、日頃の努力が報われた思いをする教師はいます。

文部科学省からの委託を受け、お茶の水女子大学は『平成二五年度全国学力・学習状況調査（きめ細かい調査）の結果を活用した学力に影響を与える要因分析に関する調査研究』を実施しました。その報告書によると、以前から指摘されていた保護者の社会経済的背景による学力格差の存在が、全国規模の調査で確認されました。しかし、家庭の社会経済的背景の不利を克服する要因も明らかにされました。それは、子ども自身の「学習時間の多さ」「宿題をする」といった努力、保護者の「基本的な生活習慣・生活規律の確立」「読書に関する働きかけ」「子どもと勉強や成績について話をする」「高い学歴期待と学校外教育投資」などです。そして、学校の取り組みです。同調査研究では、家庭の社会経済的背景から統計的に予測される学力を大きく上回る学校を「高い成果を上げている学校」と定義して訪問調査を実施し、対象校に共通する特徴を探りました。そこで見出されたのは、「家庭学習の指導」「管理職のリーダーシップと同僚性の構築、実践的な教員研修の重視」「小中連携教育の推進、異学年交流の重視」「言語に関する授業規律や学習規律の徹底」「都道府県、市レベルの学力・学習調査の積極的な活用」「基礎・基本の定着の重視と少人数指導、少人数学級」だったそうです(5)。本書を読み進めていただけば、これらの特徴はカリキュラムマネジメントと深い関係があることに気づいていただけるでしょう。

Ⅵ　政策の動向とカリキュラムマネジメントの必要性

わが国では、戦後の新教育運動以降はカリキュラムについての議論も実践も活発ではありませんでした。教科書掲載の単元を順番に並べたものを教育課程とし、それを教育委員会に提出した後は、個々の教職員が教育課程をあまり参照することなしに、教科書に従って授業をする、といったことが多くの学校でみられました。しかし、平成一〇年の学習指導要領改訂において総合的な学習の時間が導入され、各学校は「ゼロからの」カリキュラム開発をしなければならなくなりました。それがカリキュラムマネジメントが実質的に必要になった契機でしたが、その必要性は近年ますます高まっています。平成二〇年の改訂では思考力・判断力・表現力を培う「言語活動の充実」が各教科の授業改善のポイントとして示されたため、教科においても内容の配列だけに留まらないカリキュラム構成をすることが、学校の課題となりました。

次期学習指導要領改訂では、この傾向はさらに強まると予想されます。ＯＥＣＤの「キー・コンピテンシー」、ＡＣＴ21Ｓの「21世紀型スキル(6)」など、新たな学力の定義や学習方法及び評価方法の開発研究が国際的・組織的に進められ、わが国でも平成二六年三月三一日、次期学習指導要領改訂にむけて文部科学省に設置された「育成すべき資質・能力を踏まえた教育目標・内容と評価の在り方に関する検討会」が公表した論点整理では、「今後、学習指導要領の構造を、①児童生徒に育成すべき資質・能力を明確化した上で、②そのために各教科等でどのような教育目標・内容を扱うべきか、③また、資質・能力の育成の状況を適切に把握し、指導の改善を図るための学習評価はどうあるべきか、といった視点から見直す」必要性が提言されました。また、各学校で効果的なカリキュラムが編成・実施されるため、「カリキュラム・マネジメントの確立が喫緊の課題」とも指摘されました(7)。

一方、「第2期教育振興基本計画」は、「社会を生き抜く力の養成」「未来の飛躍を実現する人材の養成」の方針について、成果（アウトカム）指標を掲げて方策を提示しています。実際に児童生徒の学力をいかにつけるかの成果が学校に問われているのです。まさに今、各学校におけるカリキュラムの編成・実施の力量が、結果を伴うものとして問われています。

しかしそもそも、このような政策動向を列挙せずとも、学校のミッションは本来、各家庭・地域からあずかる子どもたちを、人格の完成と自立した社会の一員としての資質形成をめざして、よりよく成長させることです。そのための主たる手段が授業を中心とした教育活動であり、その集積がカリキュラムなのですから、適切かつ効果的なカリキュラムを編成・実施することは学校の第一の責務です。

第2章　カリキュラムマネジメントとは

Ⅰ　カリキュラムマネジメントとは

学校におけるカリキュラムマネジメントは、カリキュラムを主たる手段として、学校の課題を解決し、教育目標を達成していく営みです。子どもに必要な知識・技能を習得させたり、思考力・判断力・表現力を育成したりする場は、主に、授業です。そして、個々の授業はそれだけで単独に存在するものではなく、単元の一部、教科のカリキュラムの一部、様々な教科・領域からなる学校のカリキュラムの一部です。子どもに力をつける、そのためには、授業と、授業を含むカリキュラムを効果的なものにしなければなりません。従って、カリキュラムマネジメントは、可能な限り適切かつ効果的なカリキュラムを創造し、実施し、それを発展的に更新していく営み、ともいえます。

教育課程の編成主体である各学校においては、教育目標・内容・方法を、「カリキュラム（全体計画、年間指導計画、時間割、単元指導計画、週案、本時指導計画等）」として組織化し、計画に基づいて組織的に教育活動に取り組みます。そして、子どもの学習状況についてのデータ（テストや作品、教師による観察など）を収集し、何をどう変えればより適切かつ効果的なカリキュラムになるのかを考え、次の単元や来年度の指導計画を修正します。その一連の作業を、ＰＤＣＡのマネジメントサイクルで効率よくまわしていきます。そのために必要な、人、モノ、カネ、組織、時間、情報といった諸条件を整備していくことが、カリキュラムマネジメントの基本的な営みです。

Ⅱ　子どもの姿から課題を見出す

カリキュラムマネジメントは、課題解決的な営みです。「どこの学校にも子どもの課題はある」と考えることからカリキュラムマネジメントは始まります。「課題」は、「問題」とは異なります。問題は、学校の営みとは別に、元々存在する場合も多く、マイナスの意味合いが含まれます。しかし、課題は、「めざすものと現状の差」です。たとえ現状がある程度満足できる状態であったとしても、さらに上をめざしたいと意欲をもてば、そこに、課題が立ち現れてきます。そもそも、すべての子どもが成長の課題をもっています。「課題がある」のはネガティブなことではなく、「課題を見つけられた」「課題を設定できた」とポジティブにとらえたいものです。めざすものが見えており、子どもの実態を把握していないと課題は設定できません。「解決すべき課題が見えている」ことが、解決の出発点となります。「守り」ではなく、「攻め」の姿勢で、課題を設定し解決に臨むことが、カリキュラムマネジメントの第一歩です。

Ⅲ　カリキュラムは変えられる

平成二三年度、教科書が三割程度厚くなりました。しかし、平成二〇年教科用図書検定調査審議会報告は、教科書の『記述すべてを教えるのではない』ことを明示しました。同報告は、『新学習指導要領に示す内容を不足なく丁寧にかつわかりやすく記述した上で、個々の児童生徒の理解の程度に応じて発展的な学習やつまずきやすい内容の繰り返し学習、補充的な学習を指導しやすいよう』配慮や工夫を促進するよう求めています。つまり、教科書の内容すべてを授業時間内に全児童共通に教えなければならない、という前提ではないのです。教科書は、主たる教材ではありますが、カリキュラムそのものではありません。学習指導要領第1章「総則」の冒頭に、教育課程は各学校において編成することが明記されています。編成主体は学校です。教科書のどの部分をどのように使用するか、それを決めるのも学校です。

また、単位時間の弾力化、授業時間の弾力化を打ち出した平成一〇年改訂学習指導要領は、体験的な活動時間の保障のためにはまとめ取りなどが必要な総合的な学習の時間が新設され、さらには年間授業時数が三五週で割り切れない教科・領域があったこともあり、時間割編成の工夫を学校に求めるものでした。平成二〇年改訂では三五週で割り切れる標準時数が提示されましたが、弾力的な運用をしてよいことに変わりありません。内容に応じて、モジュールを活用して一五分や六〇分の授業を実施したり、チャイムをなくして午前中五時間制を組んだり、体験的な授業は午後中心に組んだり、様々な工夫が可能です。

Ⅳ　カリキュラムを中心に学校全体の構造をみる

Ⅰでは、目標達成の手段はカリキュラムであり、それをPDCAサイクルで運用することを述べました。そのカリキュラムを実際につくり動かしていくためには、「校務分掌、組織」「教員の力量形成、研修」「施設・設備」「予算」「時間」、あるいは「組織文化（当該学校の大方の教員によって共有されているものの見方や考え方、行動様式）」などまでを視野に入れる必要があります。いわゆる「経営活動」や「組織マネジメント」といわれる部分です。カリキュラムマネジメントの考え方の特徴は、これらを「よりよいカリキュラムのための」条件整備活動ととらえる点です。「子どもにこのような力をつけるため、このような教育活動が必要だ。その教育活動のためにどのような条件整備が必要か」という観点で組織を考えます。同様に、保護者、地域住民、関係企業、教育行政機関等もカリキュラムを規定する要因です。これらは時には阻害要因としても働きますが、学校が「わが校の子どものため、教育活動のため」にイニシアティブをとって、教育活動における協働関係を構築したいものです。

図１（16頁）は、カリキュラムマネジメントの実践の際に配慮すべき要素を構造的に示したモデル図です。「ア．教育目標の具現化」や「イ．カリキュラムのＰＤＣＡ」はカリキュラムマネジメントの核である直接的な教育活動です。これを支える学校内部の条件整備活動が「ウ．組織構造」「エ．組織文化」であり、学校外部の規定要因が「カ．家庭・地域社会等」や「キ．教育課程行政」です。これらを、校長をはじめとする「オ．リーダー」たちが中心となって総合的にマネジメントしていくのです。

本書をお読みになった後、このモデル図が示す要素に従って、勤務校の実践を評価してみてください。チェックリストなどに比べると、最初は取りかかりにくいと感じられると思いますが、諸要素に学校の取組みを照らし合わせてみると、全体像がみえてきます。図中の各要素は、矢印でつながっています。なぜ、学校の先生方が多忙感（「エ．組織文化」に該当）を抱えているのか。書類の多さや校務分掌の非効率に由来する物理的な多忙（「ウ．組織構造」に該当）も多いでしょうし、取り組みの成果が実感しにくいため「労多くして益少なし」という心情的な多忙感（「イ．カリキュラムのＰＤＣＡ」のうち、主にＣ（評価）の在り方に

図1　カリキュラムマネジメント・モデル図

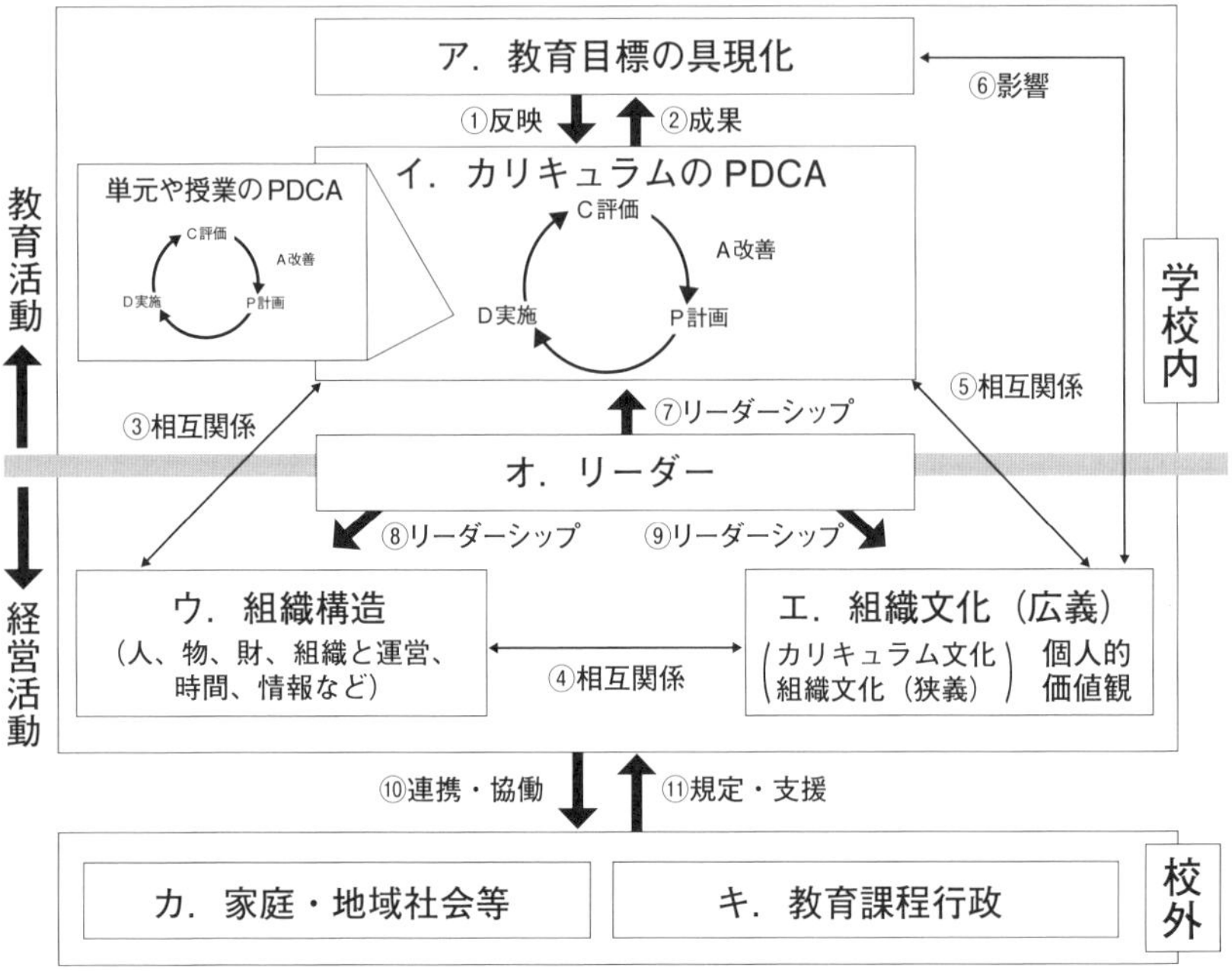

問題）に陥っている場合もあるでしょう。学校の教育課程・授業と関わって地域の力を活用すること（「カ．家庭・地域社会等」と「イ．カリキュラムのＰＤＣＡ」とのつながり）をもっと考えることができる、と気づくかもしれません。

筆者は、このモデル図を基にワークシートを作成し、教務主任等の研修会において、学校のカリキュラムマネジメントの様子を書き込んでもらう演習を度々行ってきました。そうすると、記入できないところは、学校として手薄な部分であったり、記入者自身が意識していなかった部分であったりすることに気づきます。あるいは、このモデル図を利用して、学校経営計画を立てるということも可能です。**図2**は、後に事例として紹介する福岡市立飯倉小学校の熊谷節子元校長が作成され

図2　飯倉小学校経営計画

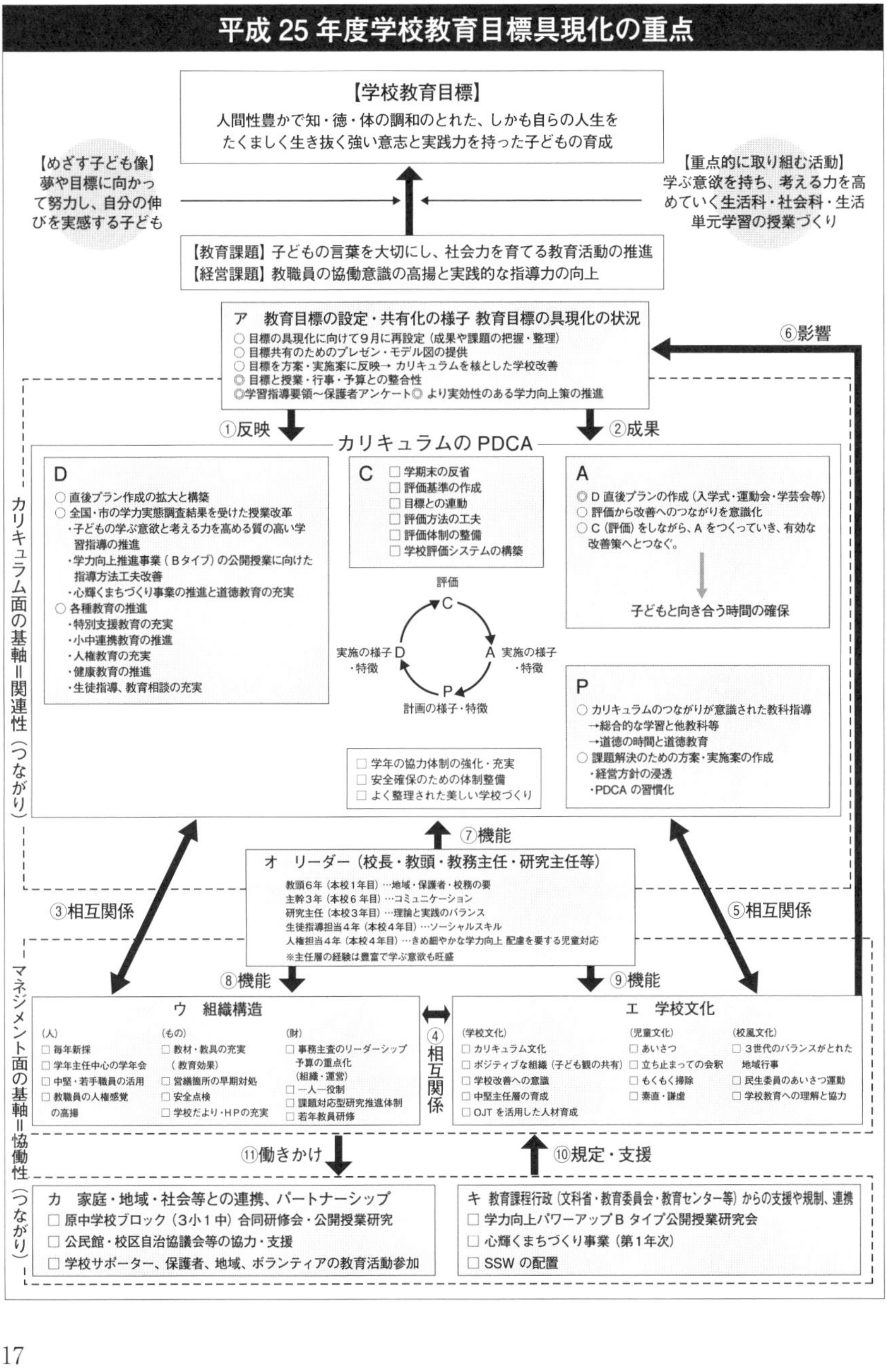

た学校経営の構想図です。カリキュラムを中心に、組織的要素をカリキュラムに結びつけながらマネジメントし、最終的に教育目標を具現化していく、という組織的なカリキュラムマネジメントの姿がみえてきます。

第3章　カリキュラムマネジメントの方法

Ⅰ　課題、目標、手立て、実践の共有化

カリキュラムマネジメントは、現状把握とこれまでのカリキュラムの評価から始めます。目標と実態のギャップを明らかにし、そのギャップの要因を探ることが、より適切なカリキュラム計画につながります。子どもの実態、保護者や地域からのニーズ、学校の実態などについては、学力調査の結果、学校評価に関わって実施されたアンケート、教員の日常の実践を通しての記録、校務分掌や学年の反省事項、研究授業で明らかにされた成果や課題、ＰＴＡや地域における集会や関わりから得られた情報や要望といったことから把握します。これらから課題を明らかにし、校内で共有化します。課題や危機意識は実践への原動力となります。しかし、ただ課題を認識しただけでは不安になるだけです。これまでの成果を認め、子どもや教職員の良さも共有化して、モチベーションをあげます。また、「こうすれば課題を解決できる。ここまで達成しよう」という見通しが必要です。目標と手立てを明確にしなくてはいけません。このとき、教育内容・方法だけでなく、教育目標も併せて検討する必要があります。子どもや学校の実態、社会の動きは、年々変化しているからです。検討の結果、前年度と同じ学校教育目標や重点目標を継続するかもしれませんが、毎年、全員で目標の意味（めざす児童の姿の具体）を確認することは重要です。

有効な手立てを共有化することも効果的です。学習過程や学習指導案、板書のルール、教室掲示の基本、

子どもの学習スキルやノートの書き方などについて、誤解を恐れずに言うと、学校として一定のモデルや型、ルールを開発し共有化したいものです。教師の個性や学級の実態の違いはむろん考慮されるべきで、モデルや型にとらわれることは厳に戒めねばなりません。モデルや型はツールであり、決して目的ではありません。また、モデルや型の背景には理念があります。何故、そのモデルや型を採用するのか、常に確認する必要があります。それでも、基本的な指導方法や学習方法等については、共通実践を行う価値があります。子どもの学年があがり、担任が変わっても基本事項が引き継がれていれば、子どもは学習の土台の部分で迷うことなく、安心して、教科の学びを積み重ねていけます。子どもの「学ぶ力」を継続的に育成することにもなります。モデルや型の開発を通して、教師の指導技術の交流、練り合いが行われるようにし、今あるモデルや型を破るチャレンジングな実践を奨励し、開発し続けるという姿勢で臨みたいものです。

事例1　単位時間の授業づくりに焦点化したカリキュラムマネジメント

西留安雄元校長（東京都東村山市立大岱小学校）

東村山市立大岱《おんた》小学校は、平成一六年度から七年間の実践で、すべての教科の授業を、言語活動を中心的な手だてとし、子どもが前面にでる問題解決学習に切り替え、飛躍的に子どもの学力を伸ばした学校です。改革前の同校は、子どもの学力を十分伸ばすことができておらず、しかも毎年一、二名の新任教諭を迎え、教員の授業力向上が喫緊の課題でした。経験の浅い担任教諭たちに、問題解決学習の指導法や学級経営の力量をスピーディに育成することが、子どもに学力を保障するためにどうしても必要でした。

同校では、若手教員に対し、「教科の専門家」になる前に、まずは全教科に通じる基本的な、単位時間

図３「Professional Teachers Notebook（手引書）」

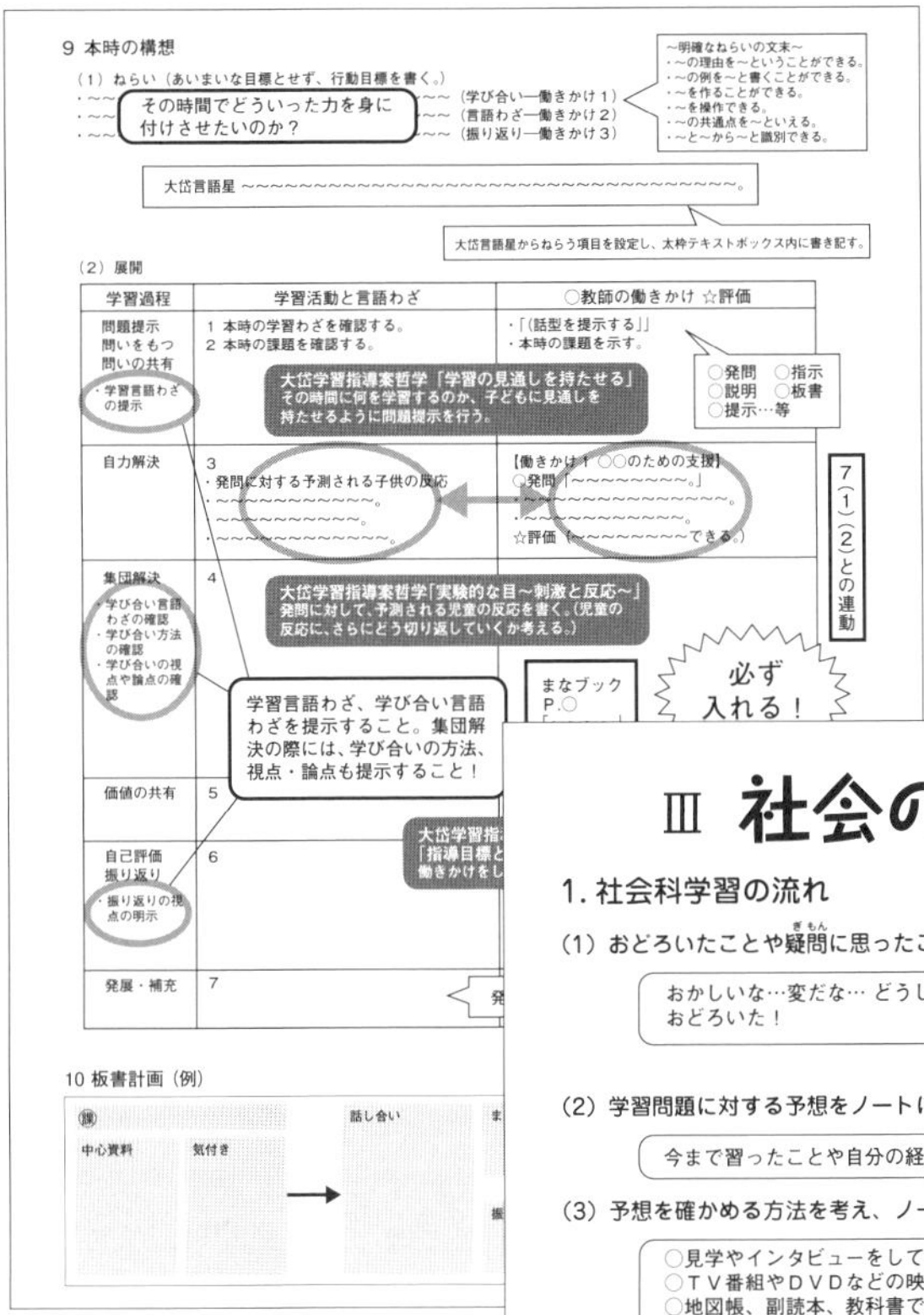

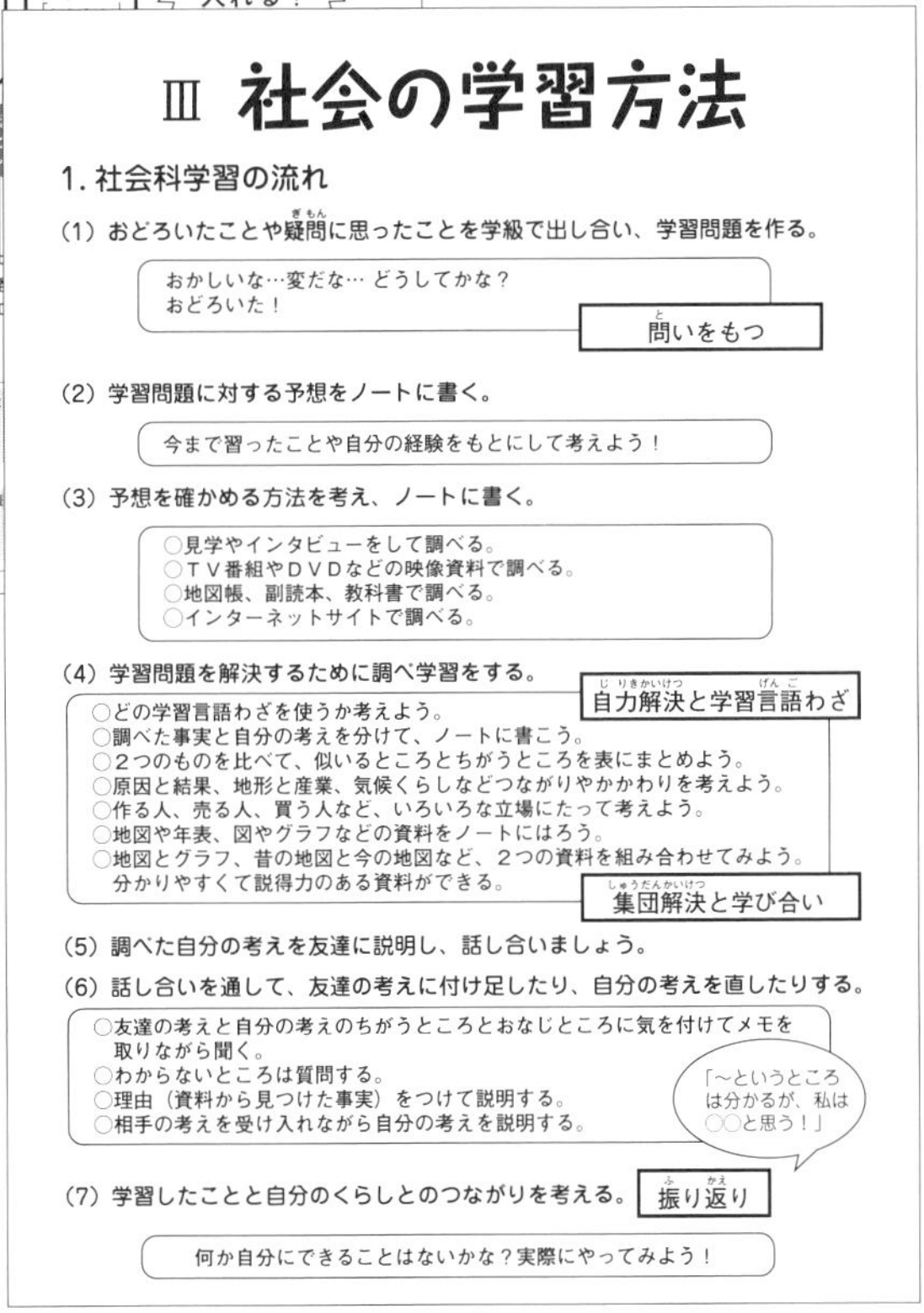

Ⅲ 社会の学習方法

1. 社会科学習の流れ

（1）おどろいたことや疑問《ぎもん》に思ったことを学級で出し合い、学習問題を作る。

おかしいな…変だな… どうしてかな？
おどろいた！

問《と》いをもつ

（2）学習問題に対する予想をノートに書く。

今まで習ったことや自分の経験をもとにして考えよう！

（3）予想を確かめる方法を考え、ノートに書く。

○見学やインタビューをして調べる。
○ＴＶ番組やＤＶＤなどの映像資料で調べる。
○地図帳、副読本、教科書で調べる。
○インターネットサイトで調べる。

（4）学習問題を解決するために調べ学習をする。

自力解決《じりきかいけつ》と学習言語《げんご》わざ

○どの学習言語わざを使うか考えよう。
○調べた事実と自分の考えを分けて、ノートに書こう。
○２つのものを比べて、似いるところとちがうところを表にまとめよう。
○原因と結果、地形と産業、気候くらしなどつながりやかかわりを考えよう。
○作る人、売る人、買う人など、いろいろな立場にたって考えよう。
○地図や年表、図やグラフなどの資料をノートにはろう。
○地図とグラフ、昔の地図と今の地図など、２つの資料を組み合わせてみよう。
　分かりやすくて説得力のある資料ができる。

集団解決《しゅうだんかいけつ》と学び合い

（5）調べた自分の考えを友達に説明し、話し合いましょう。

（6）話し合いを通して、友達の考えに付け足したり、自分の考えを直したりする。

○友達の考えと自分の考えのちがうところとおなじところに気を付けてメモを
　取りながら聞く。
○わからないところは質問する。
○理由（資料から見つけた事実）をつけて説明する。
○相手の考えを受け入れながら自分の考えを説明する。

「～というところは分かるが、私は○○と思う！」

（7）学習したことと自分のくらしとのつながりを考える。

振《ふ》り返《かえ》り

何か自分にできることはないかな？実際にやってみよう！

図４「まなブック」の一部（社会科の学習過程モデル）

の授業の進め方（学習指導過程）を身につけることに力を注ぎました。また、子どもに言語スキルや学習の仕方、ノートの書き方等を系統立てて教え、各教科の学習において子どもたちが自分たちの力で協同的に問題解決学習に取り組めるよう支援しました。

①研究の視点を三点（言語わざ、学び合い、振り返り）に絞り、それらに焦点化した研究授業、研究協議会を実施しました。研究協議会は全員参加のワークショップ型で実施し、全教職員が課題を指摘し、その改善策を提案するものとしました。協議内容は、グループ毎に発表して終わり、ではなく、全体でさらに議論を深めました。また、議論を受けて、授業者が今後の授業改善に向けての方針と方策を述べ、改善案を模造紙とレポートにまとめました。

②学習過程などについて、型やスタイルを開発して全教職員で共有し、一冊の手引書（「プロフェッショナル・ティーチャーズノートブック」と命名、図3）にまとめました。これは、土台は管理職が作成しましたが、研究が進む中で、教職員によって練り直され何度も改訂されました。

③言語スキルや学習の仕方などは、児童向けの手引書（「まなブック」と命名、図4）を作成し、共通に指導しました。子どもは教科書やノートとともに「まなブック」を机上に開き、授業に臨むことで、系統的に学び方を身に付けました。

次に紹介する**事例2**の実践の共有化は、実に本格的です。組織的かつ継続的な共有化により、授業の質を保障するとともに、学校のカリキュラムを創造し続け、地域のカリキュラム・センターの役割を担っています。

事例2

カリキュラム管理室を利用した「プラン実践検証サイクル」―千葉県館山市立北条小学校

「北条プラン」の開発で全国的にも著名な千葉県館山市立北条小学校のカリキュラムマネジメントは、昭和四一年に設置された「カリキュラム管理室」の実践に特徴があります。その部屋には、同校のすべての学習プランや関連の資料、出版物が、共有財産として、集積されています。そこには、学年、教科、月別に作られた六六〇の棚が設置され、指導案や指導に使われた教材教具、ワークシート、子どもの活動記録などが指導者の反省やコメントと共に収められています(8)。

同校は学年裁量が大きく、主に学年でカリキュラム開発・実践を行います。前年度までに蓄積された資料を当該年度の学級担任がそれぞれ二、三教科を分担して読み込んだ上で、

カリキュラム管理室

目の前の子どもの実態と照らし合わせ、学級担任の願いを込め、工夫を加えて今年度の指導計画を立てます。そして学年で共同実践を行います。単元実施中に学年所属の担任同士で情報交換し、先行した学級の反省・課題を次に実施する学級担任が改善していきます。実践結果をもとに、課題や必要な改善点を学年で話し合い、翌年のために、今年度作成の資料や反省文書を棚に返納します。そして翌年のサイクルへとつなげていきます。

全教科、領域にわたる指導計画や単元構想、学習指導案等が一貫した方針でまとめられた「北条プラン」は、カリキュラム管理室を利用して、学習内容の精選、過去の実践の修正（追加・削除）を行いながら、新しい単元や指導法の開発も日常的に行うという営みにより、創り続けられてきたものです。

カリキュラム管理室のねらい・効果は主に二点です。ひとつは、初任者や初めて担当する学年の担任が先輩教師や教科指導の優れた教師の考え方や指導技術を学ぶことで一定の高いレベルの指導が可能になります。同校はこれを「指導の平準化」とよんでいます。ふたつめは、過去の実践という財産と学年教師の協働による単元開発により、教師のエネルギーと時間の効率化を図ることができ、その分、新しい単元開発に集中できる余裕ができることです。このようなカリキュラムマネジメントは同校で半世紀近く続けられ、教師の指導力向上、新たな実践の開発、子どもの学力向上につながっています。

このようなカリキュラムマネジメントが可能になる条件のひとつが、同校の組織文化です。学年の裁量が大きく、「突出した実践を認める雰囲気」があるので、新しい開発につながります。教師が自らの日常の実践を、カリキュラム管理室を媒介として、とことん開きます。過去から現在へ、現在から未来へと、教師の実践と知恵、関係をつなぎ、教師が学び合う中で、創造していく、という組織文化が継承されています。

なお、デジタル化の進む近年、同校では、カリキュラム管理室の資料のデジタル化を試みましたが、すべてをデジタル化することが必ずしも有効ではないという結論に至ったそうです。複数の指導案を比較したり、教師同士が相談するときは紙ベースがいいので、校務分掌や新しい指導案などはデジタル保存しますが、紙ベースのカリキュラム管理室と併用しています。手に取りやすい、共有しやすいのは紙媒体の良さです。

Ⅱ　カリキュラム文書で「見える化」する

カリキュラム文書は、マネジメントのツールとみなすことができます。目標も、優れた手立ても、一人ひとりの頭の中にある構想も、カリキュラム計画として書き込み、「見える」ようにするからこそ、組織で共有し、継承・発展させることができます。逆に言えば、「見える化」は、何のために誰に何を見せたいのかを明確にして行う必要があります。目標が見える、教科間の関連が見える、指導方法が見える、授業時数が見える、といった工夫をします。たとえば、週案に重点目標とそれに迫るための具体的手段を書き込む欄を設けたり（**事例３、図５**（27頁）参照）、年間指導計画に学校の重点目標を記載し、その目標と関連の深い単元を色囲みしたり内容的なつながりのある単元間は線で結んだりします（**事例４、図６**（33頁）参照）。また、カリキュラム計画は、これまでの実践の積み重ねを土台として創られる、これからの実践のための地図です。そして、これをもとに教室で実践を進める過程で、児童と教師の相互作用から、新たなカリキュラムが生まれます。それらを記録する必要があります。カリキュラム文書は、実践を導く地図でもあり、実践を集積する記録簿でもあるのです。

カリキュラム計画（教育課程）は、教育委員会へ提出されますが、それ以降が本番です。計画は実行されなければ意味がありません。カリキュラム文書は義務的に作成して校長室に一冊置いておいたりパソコンの中にデータとして保存しておいたりするものではなく、マネジメント・ツールとして、徹底的に使いこなすものです。使いこなすためには、カリキュラムを、教職員がいつでも使える状態にしておくことです。まず、紙に印刷します。冊子を作成する学校も全員分が手持ちできるようにしましょう。これからはタブレット端末で確認したい教職員が増えるかもしれません。年間指導計画を職員室の机のデスクマットの下に入れておいたり、大きめの厚紙に張り付けて二つ折りにしてひもをつけてデスクサイドにかけておいたりします。探す手間がなく、いつでもさっと手に取れるようにしておきます。拡大コピーした年間指導計画や単元指導計画を職員室や資料室の壁に張っておくのもよいでしょう。部屋に張り出せば、そこは教師間のコミュニケーションの場にもなります。いずれにしても、目にしやすい、手にとりやすい、そして書き込める形にしておくことが「使う」前提となります。

ここでも重要なのが、目的と手段を混同しないことです。カリキュラム表作成も、力を入れるうち、作成自体が目的のようになってしまうことがあります。目的は子どもの教育的成長です。指導技術もカリキュラムもカリキュラムマネジメントも、手段です。手段の目的化を避けるため、「子どもにとってどうなのか」を問いながら実践し、カリキュラム評価の機会に、各種の手段の効果や適否を判断する必要があります。

図5　矢ヶ部小学校の週案

平成２５年９月３０日～平成２５年１０月１１日（第１～２週）　　柳川市立矢ヶ部小学校

	９／３０（月）	１０／１（火）	１０／２（水）	１０／３（木）	１０／４（金）
関連行事等	○月末統計（出席簿提出） ○プチ授業研 ２の１　５校時	○学校安全の日 ◎市いじめ撲滅月間 ○全校昼会 13:35 ～ ○初任研（研究授業） ３校時　４の１ 主任指導主事 ○委員会⑥15:10 ～	○芸術鑑賞２・３校時	※木曜時制 ○プチ授業研 １の１　２校時 ５の１　３校時 ○校内研修～主題研 □質問教室 17:20 ○キャリアウィーク６年	○ＡＬＴ来校③4 年 ④6 年⑤5 年※給食５年 ○プチ授業研 ４の１　２校時 ○初任研　師範授業 ６の１　３校時 ○定時退校日
出張		◇県文集審査会 14:20 ～ 二ッ河小	◇市校長会 10:00 三庁 校長 ◇初任者研修 13:00 藤吉小 ◇学校事務共同実施 14:00 三庁 ◇市教研教科部会	◇六合小学校 授業研究会	◇学校経営に係る代表 校長研修会９：３０ 藤吉小　校長 ◇図画講習会作品飾り付け １５：３０　あめセン教頭
朝の指導	音読	音読	音読	学級	音読
1	国語（3/9） 注文の多い料理店 ・４つの部分に分け、物語のおもしろかったところから、学習のめあてをつくろう。	国語（5/9） 注文の多い料理店 ・料理店に入った二人のしんしや表現のおもしろさを読み取ろう。	国語（7/9） 注文の多い料理店 ・戸の内側の声を聞いた二人のしんしや表現のおもしろさを読み取ろう。	算数（5/1６） 分数 ・分母がちがう分数のたし算の仕方を考え、計算できるようになろう。	理科（2/3） 天気と情報（2） 台風と天気の変化 ・台風は、どのように動くのだろうか。
2	国語（4/9） 注文の多い料理店 ・二人のしんしは、どんな人物かを読み取ろう。"	国語（6/9） 注文の多い料理店 ・様子がおかしいことに気づいた二人のしんしや表現のおもしろさを読み取ろう。	学校行事（2） 芸術鑑賞 全学（2） ↓	理科（1） 天気と情報（2） 台風と天気の変化 ・図書の本を使って台風について調べよう。 ※プチ授業研１の１	学活（1） 図書資料の生かし方 （2）（オ） ※プチ授業研　４の１
3	算数（2/1６） 分数（自習） ・等しい分数をかこう。 ・分母と分子を同じ数でわって、約分しよう。 ※プチ授業研　２の１	社会（1） （専科） 単元テスト ※初任研　４の１ 研究授業（算数）	（　/　） ↓	○国語（8/9） 注文の多い料理店 ・助かった二人のしんしのおもしろさを読み取ろう。 ※プチ授業研	体育（　/　） （教頭） ※初任研師範授業 【社会】 ６の１
4	算数（3/1６） 分数 ・分母のちがう分数を分母が同じ分数にして、大きさ比べをしよう。	算数（1） （専科） 単元テスト ※初任研　指導助言 指導主事	理科（1/3） 天気と情報（2） 台風と天気の変化 ・台風が近づくと、天気はどのように変わるのだろうか。	道徳（1） 日本の心と形２－１ ・真心のこもった接し方をするには、どんな心が大切だろう。 ※初任研（指導案作成）	算数（6/1６） 分数 ・分母がちがう分数のひき算の仕方を考え、計算できるようになろう。
5	社会（4/4） これからの食糧生産 ・日本の食糧生産に対する考えをまとめよう。	算数（4/1６） 分数 ・分母の最小公倍数が分母になるように通分できるようになろう。	体育（　/　） （教頭） ※初任研　校外研	社会（1/1３） 工業生産を支える人々 ・自動車作りについて調べたいことを話し合おう。	外国語（　/　） （専科）
6	理科（1） テスト書き直し ・人・メダカ・植物の成長の似ているところと違うところを確認しよう。	特別活動（1） 委員会活動⑥ ５・６年（1）	家庭（　/　） （専科） ※初任研　校外研	音楽（2/2） ことばのイメージから音楽をつくろう 音楽ランド「ゆき」	音楽（1/2） 日本の楽器をたずねて ・長唄「越後獅子」から（鑑賞）
ST	☆漢字･計算検定	ﾌﾟﾗﾝﾆﾝｸﾞﾀｲﾑ16:15 ～ ※児童の様子を入力	☆漢字･計算検定	校内研修～主題研 １５：２０～	☆漢字･計算検定

【重点目標】よく聴き、しっかり考える子どもの育成

今週の重点と方策・評価	（学）かんがえる子ども・重点	具体的方策	評価・改善策
	国語：「注文の多い料理店」　３日（木曜日） ☆物語の終末で、二人のしんしの変わったのは顔だけで、性格や態度は変わらなかったことのおもしろさをとらえることができるようにする。 視点（しんしの人物像を根拠に読み取っているか）	○物語の始めの部分で読み取ったしんしの人物像と、週末部分（本時）のしんしの姿や行動・会話文を比較させることにより、非現実の世界がなくなってもその影響が残ったおもしろさをとらえさせる。	４－３－２－１
	算数：「分数」　９日（水曜日） ☆もとにする量が整数倍になっていることから、分数に整数をかける意味をとらえ、計算ができるようにする。視点（面積図をかいて式の意味と求める量についてとらえているか。）	○線分図をかいて数量の関係を表したり、面積図をかいて求める量の具体的な大きさを視覚化したりすることにより、分数×整数という式になることに気づかせ、分母はそのままで分子×整数をすればよいことをとらえさせる。	４－３－２－１

飲酒運転　しない　させない　許さない　チーム矢ヶ部は　守ります！

ST		※児童の様子を入力		１５：２０～	

【重点目標】よく聴き、しっかり考える子どもの育成

今週の重点と方策・評価	（学）かんがえる子ども・重点	具体的方策	評価・改善策
	国語：「注文の多い料理店」　３日（木曜日） ☆物語の終末で、二人のしんしの変わったのは顔だけで、性格や態度は変わらなかったことのおもしろさをとらえることができるようにする。 視点（しんしの人物像を根拠に読み取っているか）	○物語の始めの部分で読み取ったしんしの人物像と、週末部分（本時）のしんしの姿や行動・会話文を比較させることにより、非現実の世界がなくなってもその影響が残ったおもしろさをとらえさせる。	４－３－２－１
	算数：「分数」　９日（水曜日） ☆もとにする量が整数倍になっていることから、分数に整数をかける意味をとらえ、計算ができるようにする。視点（面積図をかいて式の意味と求める量についてとらえているか。）	○線分図をかいて数量の関係を表したり、面積図をかいて求める量の具体的な大きさを視覚化したりすることにより、分数×整数という式になることに気づかせ、分母はそのままで分子×整数をすればよいことをとらえさせる。	４－３－２－１

飲酒運転　しない　させない　許さない　チーム矢ヶ部は　守ります！

事例3　**週案を使ったカリキュラムマネジメント―福岡県柳川市立矢ヶ部小学校**

図5は、平成二五年度、福岡県柳川市立矢ヶ部小学校で開発された週案です（橋本秀博前校長、野間口美奈子教務主任）。同校では、重点目標を「よく聴き、しっかり考える子どもの育成」とし、「読みを深め合う子どもを育てる国語科学習指導」を研究テーマに取り組んでいました。具体的な方策として、二種類の「比較活動」を開発しました。週案は多くの小学校で作成されていますが、この週案には、普段の授業において、重点目標に迫ることを促す工夫が施されています。それは、下の枠です。ここには当年度の重点目標が明示してあり、その下には、「今週の重点」「具体的方策」と「評価」を記入する欄があります。学級担任は、二週間の授業のうち、重点目標に迫るために特に力を入れる時間を決定し、授業での具体的方策を考え記入します。その時間に管理職や教務主任が観察・指導に行けるよう、週案に○印または赤囲みを施します。「評価・改善策」の欄には、四段階で自己評価を記入し、課題があれば改善策を記入します。

授業研究は、研究授業のときだけの研究に留まってはいけません。せっかく労力をかけて取り組む研究なのだから、その成果を日常の授業で生かしてこそ、です。その意味で、矢ヶ部小学校における、週案の一工夫は、研究を日常化する役割も果たしています。

Ⅲ　目標・内容・方法上のつながり

目標とカリキュラム、教科・領域間、学年間、学校段階間などの間で内容やスキルなどの面から関連を明らかにし意識的に実践することで、限られた時間の中での実践の効果・効率を上げることができます。カリキュラムマネジメント論の先駆者・中留武昭は、連関性（関連や関係と同義、つながり）をカリキュラムマネジメントの「基軸」と論じました(9)。連関性は、昭和二六年の「学習指導要領一般編（試案）」で「教育課程は、全体として児童・生徒の望ましい経験の発展を目ざすものであるから，教科間の連関をじゅうぶんに考慮し、学習内容の重複を避け、有効で能率的な組織ができるように計画しなければならない」と指摘されていました。その後の改訂を経た学習指導要領すべてにおいても一貫して、各教科、道徳、総合的な学習の時間、特別活動、行事等の間の相互関連について言及されてきました。このように、学習指導要領上も、連関性が位置付けられているにもかかわらず、筆者がある政令指定都市の小・中学校教務主任を対象に二〇〇六年に実施した調査では「教科間および教科・道徳・特別活動との関連を意識して、日々の授業を行っている」に対する肯定的回答は三九・八％であり、高いとはいえないのが実態でした。

連関性は、実践の効果・効率を上げるだけではなく、子ども自身が、各教科等で学んだ知を内面で総合化するためにも必要ですから、学校としては必ず取り組むべきものです。

なお、連関性は各教科・領域間のつながり以外にも必要ですので、その対象を次に挙げます。①目標とカリキュラム（内容、方法、手立て、授業など）、②目標と評価規準・基準、③各教科・領域等の間の目標、内容、方法（学習活動・指導方法）、学習スキル、④学校での学びと子どもの生活経験、⑤教科等における系統性（学年間、学校段階間）、⑥学習内容と季節や地域性、⑦授業と家庭学習、⑧年間指導計画と月案、週案、単元学習指導案など。

事例4は、年間指導計画を使って、連関性を追求して効果を上げた学校です。

事例4　年間指導計画を使いこなすカリキュラムマネジメント―熊谷節子元校長（福岡市立飯倉小学校）

熊谷節子元校長（福岡市立飯倉小学校）は、「目の前のこと、つまり今日は教科書の何頁ということしか見えていない教師は、限られた時数の中で空回りする」「子どもを直接指導する教師がどれくらい見通しをもって、毎日の授業にあたるかが勝負どころ」と考え、自身が教諭であった時期から校長職時代まで一貫して、「年間カリキュラム（図6）（33頁）」をマネジメントツールとして使いこなしてきました。「年間カリキュラム」とは、ひとつの学年の教科・領域が一枚に収められた年間指導計画のことで、単元が時系列に配列されているものであり、どこの学校でも何らかの形で作成しているものです。熊谷元校長は、「教育目標と実践をつなぐ」ことを意図し、カリキュラム表の上部には、同校の教育目標・育てたい力を教職員に記入させていました。そして、教育目標と単元をつきあわせ、「なぜ、この時期に、この活動内容を、これだけの時数をかけて実施するのか」を教職員に考えさせました。すると、まず目的が曖昧な教育活動が姿を消しました。次に、目標と照らし合わせながら、教科・領域を横断した関連を探し出し、関連のある単元同士を線で結び、その関連を考慮して、単元の時数を増減したり、指導の順序を入れ替えたりしました。この「年間カリキュラム」は、担任が手持ちする他、校長室や職員室にも拡大して掲示され、実践の中で児童の問題を見つけたときなど、学年の教師がこの紙の前に立ち、どの時間を使ってどのように解決していくのかを話し合う姿が見られました。計画を変更したときは、随時手書きでメモを書き込むようにしました。長期休業中にはカリキュラム改善の校内研修会を開き、集中的な見直し・修正作業を行いました。すると、一二月の見直しで、次年度に引き継ぐことのできるカリキュラムがほぼ完成しました。

筆者は、平成二五年度、冬休み中の校内研修を参観しました（研修時間は一時間二五分）。研修のタイトルは「『ああ、こうすればよかった』を形に残そう」でした。まず同校の沖本昌美研究主任（当時・現主幹教諭）が、自らの去年の実践について「ああ、こうすればよかった」と思った体験と、今年は反省に基づいて「単元の順序を入れ変えて実践したらうまくいった」という体験を話しました。そして、次の四つのポイントに基づいて、単元間の連関性を見出すよう指示しました。

①主な体験（学校行事、総合的な学習の時間など）と教科等とをつなげる

②教科同士の内容や取り扱う教材によってつなげる

③道徳の価値項目と使う資料の内容によってつなげる

④育てたい力でつなげる

たとえば、①③に関わり、運動会時期に実施していた道徳「くもの糸（道徳的価値は節度・節制）」と、「班長になってよかったな（役割の自覚・責任）」を入れ替えます。六年生は運動会でリーダーとして苦労もあったため、役割の自覚・責任について実感できるタイミングだと考えるのです。②に関わり、社会科で室町時代を学習する時期に、国語では狂言・柿山伏を、図工では水墨画、音楽は越天楽今様を実施するようにします。そして、学年ごとにグループをつくり、二学期までの「こうしておけばよかった」という経験をもとに、単元間をつないだり、順序を入れ替えたりする作業を行い、最後に各学年代表が全体発表をしました。

こうして、一年間の実践が終わるころには、当初は紙の上の暫定的な計画だったものが、実践に基づき、子どもの学びの履歴を反映したカリキュラムへと変わっていています。翌年の引き継ぎの際、旧担任と新担任の間に、「この単元とこの単元はどうつながるの？」という会話が生まれます。「指導内容のつながりがあっ

てこそ、先生同士のつながりが生まれる」というのも熊谷元校長の信念です。

筆者は平成二六年三月に、飯倉小学校の教職員対象に「年間カリキュラム」に関するアンケートを実施しました。左に掲げるのは、年間カリキュラムを作成・活用して「良かった」「役に立った」と思うことについての自由記述式回答の一部です。「見通し」「余裕」「効率化」「時間の確保」「学びの深まり」などの効果が実感されているのがわかります。

A. 学習の先が見えているので教材の準備やゲストティーチャーとの打ち合わせなど、日程的なゆとりをもって行うことができた。教科や他領域の学習をつないで行っているため、ひとつの学習が他の教科の導入になったり、ひとつの体験で二つの教科に生かしていくことができたりして、効率がよかった。(二〇年以上経験・学級担任)

B. 教師が見通しをもつことで、児童も先々の見通しをもつことができ、余裕をもって授業に取り組むことができていた。(一〇年未満経験・学級担任)

C. 授業づくりの計画が立てやすかった。無駄な時数がなくなった。(二〇年以上経験・学級担任)

D. 他教科とのつながりがはっきりしていて、関連して教えることができ、また子どもたちも「〇〇で習った!」とうれしそうに反応していた。(一〇年未満経験・学級担任)

E. 教科間の連関をふまえた指導が可能になり、学びを深めることができた。(一〇年未満経験・学級担任)

F. 他教科との関連を持たせて学習させることにより、繰り返したり活用したりといった学習活動の時間を確保できた。(一〇年未満経験・学級担任)

G. 来年度のために役に立つ。一年間の見通しが立つ。(二〇年以上経験・学級担任)

図6　飯倉小学校「年間カリキュラム」

平成25年度　福岡市立飯倉小学校　第4学年　年間カリキュラム

言葉を大切にし、社会力を育てる

平成26年1月15日

		4月	5月	6月	7月	8月	9月	10月	11月	12月	1月	2月	3月
学年目標		高学年の入り口として自主的に活動できる4年生になろう											
学校行事		始業式、入学式 歓迎遠足 新体力テスト		運動会避難訓練 集団下校訓練 飯倉コンサート	終業式	校区 夏祭り	始業式 美化活動	防犯避難訓練 飯倉フェスタ	学校公開 学芸会 児童集会	人権公開学習 終業式	始業式	送別集会 送別遠足	終業式 卒業式
学年行事			浄水場クリン パーク見学	平和学習 いじめゼロ プロジェクト	総合提案㊮ 平和学習		福祉体験(福)Ⓖ 早良区福祉協議 会身障者協会	総合Ⓖ(福祉)	学習遠足 (太宰府見学)		2分の1成人式㊮		
社会		水と私たちの くらし節水節電	ごみと私たちの くらし　リサイクル	昔のくらしみ つけた	昔から伝えられ るもの　山笠		私たちの住んで いる県	小石原の人々の くらし	太宰府の人々の くらし	太宰府の人々の くらし	五人の庄屋と 村人たち	国内外と人や物 でつながる 福岡市	国内外と人や物 でつながる 福岡市
算数		大きい数のしくみ 描画　角の大きさ	わり算のひっ算	垂直平行と四角形 描画	折れ線グラフ		小数のしくみ	わり算のひっ算 整理の仕方	面積	分数	がい数	小数のかけ算 わり算	直方体と立方体
理科 関係付ける		季節と生き物	天気と気温	電池の働き とじこめた空気 や水	星や月		わたしたちの体と 運動	星や月　月の動き	ものの温度と体積	ものの あたたまり方	星や月　星の動き	すがたをかえる水	自然の中の水
国語		白いぼうし	読書生活について 考えよう 報告文に書く	一つの花	新聞を作ろう 総合の学習を発信		ごんぎつね	アップとルーズで 伝える 写真と文章で 説明しよう	だれもがかかわり 合えるように 調査報告を書き、 発表する	三つのお願い	ウナギの なぞを追って	ことわざブックを 作ろう報告活動 聞き取りメモの 工夫	初雪のふる日
音楽		はじめの一歩 世界中の子どもたちが	さくらさくら飛べよ ツバメ	ラバース コンチェルト	まきばの朝 シング		ゆかいに歩けば とんび	もみじ 音のスケッチ	お祭りや 民謡めぐり	音階から音楽を 作ろう	ラ　クンパル シータ	魔笛 魔法のすず	どこかで春が
図画工作		すてきな ペーパーショップ	コロコロガーレ	運動会の絵	運動会の絵		ゆめの冷蔵庫 ほってすって	ほってすって	ゆめの世界の ゆめの家	とびだす メッセージ	べんりな マイボックス	物語の絵	物語の絵
保健体育		体力テスト ドッチボール	運動会の練習	鉄棒 水泳　保健	鉄棒 水泳		ハードル走 跳び箱	ハンドボール	スポーツ キャラバンⒼ	ソフトバレー ネットの高さ	マット運動	グリットサッカー 保健	高跳び
道徳		いつかにじを かける	お母さんの請求書	雨のバス停留所で 火の海を逃げて	夏服の少女たち		手話 協力し合って	拾った消しゴム	口で歩く人	礼儀の心	五人の庄屋と 村人たち	ひさの星	お元気ですか おばあちゃん
学級活動		係を決めよう	楽しい運動会	虫歯の予防	夏休みの過ごし方		そうじの工夫	あいさつと 言葉遣い	男女の協力	NGサイン クラスマッチ	係とめあてを 決めよう	委員会活動への 参加	お別れ集会を しよう
総合的な学習の時間	環境	課題意識	守ろうわたしたちのくらし㊮										
	福祉							広げよう！心のバリアフリー					
	生き方											2分の1成人式㊮参加型学習参観	
	地域												
	国際理解												
	伝統文化												
	興味関心												
	健康												

H．教育効果の面、教育効率の面で役立った。協働的組織の構築に資することができる。（管理職）

次に、「年間カリキュラム」を作成するときに「難しい」と感じたことがあるか尋ねたところ、一七人中一一人が難しいと感じたことが「ある」と答えました。次が理由の主なものです。

I．初めて担当した学年で内容がわからないまま計画するのは難しい。（一〇年未満経験・学級担任）

J．各内容を熟知しておかないと、うまく組み合わせができない。（一〇年以上経験・学級担任）

K．「つけたい力」を明確にもっておかないと、教科間の連関が見えてこない。（一〇年未満経験・学級担任）

Iのような教諭に対して、熊谷元校長は「最初はほとんど白紙でよい。得意なところ、わかるところだけ書いてみましょう。そして、実践した後で、また、書き込んでいきましょう」と指導しました。飯倉小学校では、一学期が終わるころには、校長の期待以上に書き込みが進み、夏休みにはほとんどの単元が埋まっていました。意外にも、難しいと感じたことが「ない」と回答したのはすべて一〇年未満経験の教師でした。「学期ごとに研修があったので難しいと感じることはなかった」という理由にみられるように、研修において学年のベテラン教師たちの力が発揮されたのでしょう。逆に、ベテラン教師は内容理解について高いレベルを自分に課したので難しいと感じたのかもしれません。また、「年間カリキュラムの取り組みを同僚や他校に広げるために必要なこと」を尋ねたところ、見直しをしたり、引き継ぎをしたり、学年間でよさを交流したりする「時間の設定」を挙げた回答が最も多くありました。年に二〜三回でも、カリキュラムを全員で考える時間を確保することで、若手教師でもスムーズに学級のカリキュラムマネジメントができると考えられます。他に、「一年間で作り上げるのではなく、修正・作成と実践を繰り返して何年かかけて練り上げる」

という回答もあり、この教師は実践と省察によって自分たちでカリキュラムを創り上げていく、という姿勢をもっていることが伺えます。

Ⅳ　評価を核にしたマネジメントサイクル

日々の授業の質を高め、カリキュラムを改善・発展させていくためには、何を残し、何をどのように変えるのかを明らかにするＣ・Ａ段階が鍵となります。カリキュラムは、目標達成のための手段ですから、子どもにつけたい力や、理解・定着させたい内容を身につけさせるために、このカリキュラム（単元、単位時間の授業）は有効であったかを検証するのが、カリキュラム評価の基本です。無論、目標は到達目標ばかりではないし、教師の想定を越える姿を子どもがみせてくれるのは教師のこの上ない喜びです。ゴールフリーな評価も重要です。しかし、まずは「めざす子どもの姿」を明らかにし、教職員と子どもが一緒にめざすことができる具体的な目標と評価規準・基準をつくるべきです。そのことで、教職員は目標と照らして「子どもの姿」を語り合うことができるし、子どもも具体的な自分の目標をもって学習に臨むことや自己評価をすることが可能になります。その他にも、実施のしやすさ、適時性等も評価します。

カリキュラム評価を確実に行うためには、マネジメントサイクルの計画（Ｐ）段階に、評価計画を組み込む必要があります。その際に、評価規準・基準、評価方法、評価の時期、評価データの収集・蓄積・分析の方法、評価結果の活用方法や公開方法とその推進組織、指導要録や通知表への記録方針等を予め設定し、教職員間の共有化と理解を図っておきます（**図７**）。学習経験の組織を考える前に評価を構想するカリキュラ

図7　カリキュラムマネジメントのサイクル

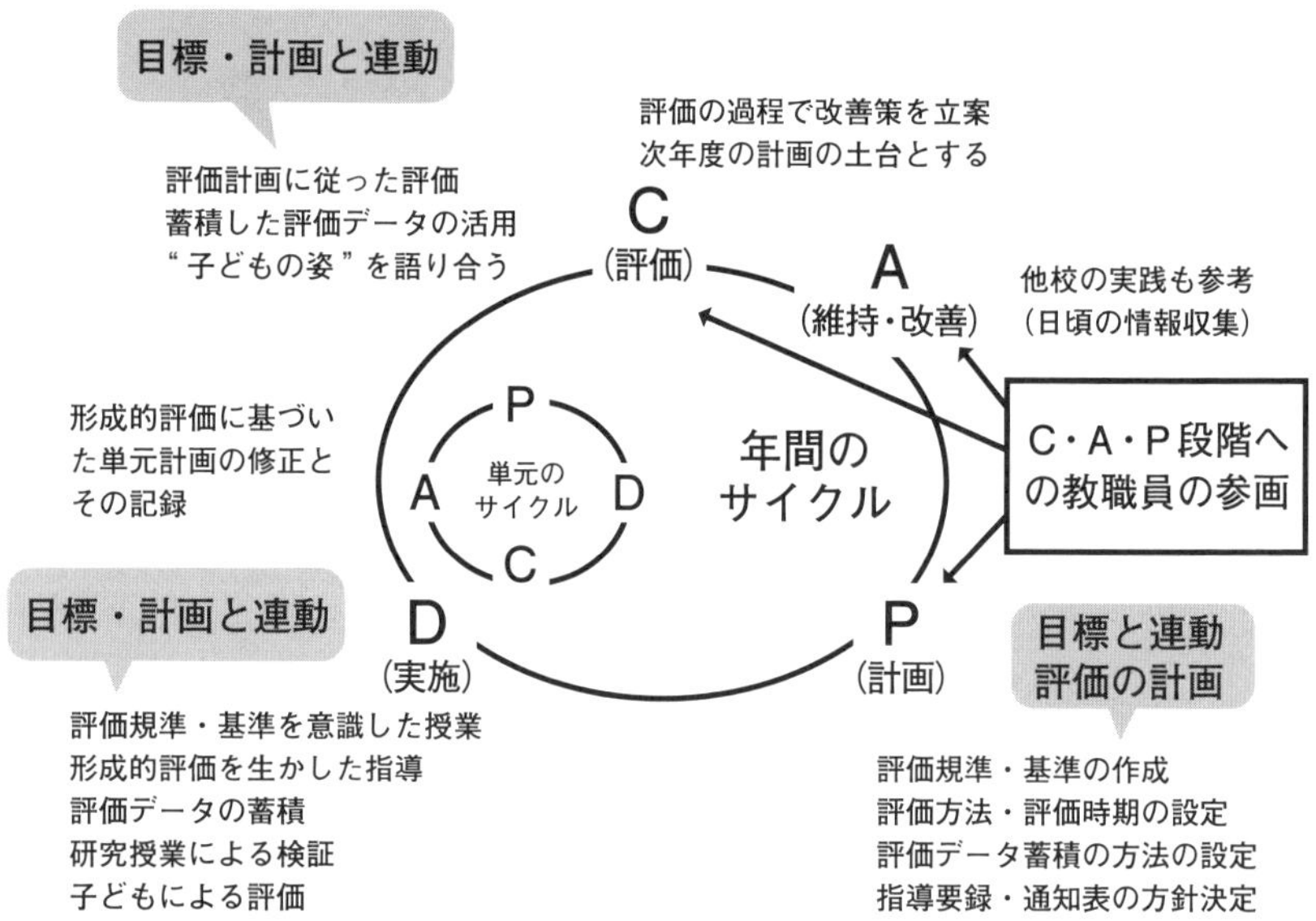

ムの計画方法を、第1章で紹介したウィギンズとマクタイは「backward design（逆向き設計）」と名付けました。このような考え方は、カリキュラム研究の樹立者ともいえるタイラーが一九四九年に提唱していたものであり[10]、カリキュラム設計の基本的な考え方です。

年度当初に作成したカリキュラムは、子どもの実態や学びの進捗状況によって、柔軟に変更されてよいものであり、単元実施前の診断的な評価及び単元実施途中で行う形成的なカリキュラム評価が必要です。さらに、単元終了後には、次年度の計画のために、総括的評価が必要です。ところが一般に、カリキュラム評価は年度末に行われることが多く、この場合、実施（授業）時点からのタイムラグが生じ、詳細は忘れがちになります。そこで、実施中あるいは実施直後に、気づいたことや変更の履歴を書き残して蓄積しておきます。このように修正を加えられた実践が、結果的に当該年度のカリキュラムの最終形となり、次年度のカリキュラム計画の土台となります。実践に基づいた即時的なカリキュラム評価と変更、その記録の蓄積は、年度末の総括評価を実践に基づいた具体的なものとし、カリキュラムの向上に資するだけでなく、時間と労力の節約にも寄与します。この観点からも、**事例４**（30頁）と後に示す**事例５**（41頁）を参考にしていただければと思います。

ところで、ＰＤＣＡのＡ（アクション）には維持・管理と改善の両面が含まれます。維持・管理のみを行えば、よくても一定レベルの保持、通常は形骸化や衰退につながってしまいます。しかし、改善だけを志向するのも危険です。改善による一時的な高まりをみせても、維持の手段がなければ、せっかく開発した手だてがその場限りのものに終わってしまいます。従って、評価においては、成果を明らかにし、成果が得られた要因、カリキュラムの価値ある要素を特定する必要があります。新たに開発した実践はカリキュラム文書に残します。ある教師が研究授業でチャレンジした手立てを、他の教師も自身の授業に適用して実践し、それを一〇分程度でも相互参観する機会を設けます。成果は共有化し、学校の財産として継承・更新していくべきです。また、成果に目を向け、管理職や主任が、あるいは同僚同士で、認め賞賛することを心がけたいものです。「ここまでできた」「子どもがこんなに伸びた」と達成感や自信を得ることは、教師の次の実践へのエネルギーになります。子どもにフィードバックすれば子どもの学習意欲にもつながります。

Ⅴ　時間をマネジメントする

ドラッカーは、時間について、『供給は増えない』『簡単に消滅し蓄積することもできない』『最も希少な資源』と指摘し、時間のマネジメントがあらゆる成果を左右すると論じました。学校に限らず、あらゆる組織にとって時間は貴重です。次の一二点はドラッカーが提示した時間のマネジメント方法です(11)。

(1)『時間を意識する』 (2)『時間を計画する』 (3)『時間の使い方を診断する』
(4)『仕事を整理する』 (5)『仕事を任せる』 (6)『空いた時間をまとめる』
(7)『締め切りを設ける』 (8)『人の時間を無駄にしない』 (9)『混乱を繰り返さない』
(10)『組織をスリム化する』 (11)『組織の構造を点検する』 (12)『情報の入手を容易にする』

これらを、カリキュラムマネジメントの文脈に当てはめてみます。

(1)『時間を意識する』(2)『時間を計画する』は、まさにカリキュラム計画そのものです。興味深いことにドラッカーは、「仕事を計画する」から「時間の使い方を計画する」へ発想を転換するよう提案しています。つまり、最初に行うことは、年間・月間・週間・一日のうち使える時間がどれだけあるかを洗い出すことです。児童の指導に必ず必要な時間を差し引いた時間は一日に何時間あるでしょうか。その中で消化できない仕事は本来入れるべきではないのです。また、一日の時間帯や一年間のそれぞれの時期に適した時間の使い方を考慮します。例えば、午前中五時間制にして、教室での授業に集中しやすい教科学習を中心に実施し、午後に総合的な学習の時間や特別活動などにあてます。行事や研究会の時期を変えるのも一案です。

事例5(41頁)の大岱小学校では、新年度の学級指導に担任教師が全力を注げるよう、校務分掌や児童会の委員入れ替えの時期を四月から一月に変更しました。また、個人面談は土曜日、家庭訪問は夏休みに変更したことで、平日の授業カットを大幅に減らしました。

なお、予定外の仕事が急に入ることは、物理的な時間を圧迫するだけでなく、教職員の予定を狂わせ、ストレスとやらされ感を増大させるので、極力避けなければなりません。従って、年度初めの計画立案の際に必要なことはすべて明示しておき、予定は短期、中期で再確認できる仕組みをつくります（そのために会議を開く必要はありませんが、いつでも目に入るよう「見える化」しておきます）。

（7）『締め切りを設ける』も重要です。**事例5**の西留元校長は、職員に「仕事歴」を示していました。行事の企画書の提出日や研究授業に向けた学習指導案提出日などの一覧表です。教育に関わる仕事は終わりがありません。しかし時間は有限です。仕事の締め切りを計画時点で示し、その中で段取りをする力をつけるのもマネジメントです。

（3）『時間の使い方を診断する』。ひとつはカリキュラム評価にかける時間の問題です。評価するためには記録が必要です。実際に要した時数、増減させるべき時数を理由とともに当初の指導計画にメモしておきます。その記録を次年度の計画に反映させるための時間を、あらかじめ確保しておきます。せっかくの記録が反映されなかったのであれば、だれもメモをしなくなります。ふたつめには、教育活動以外の時間の使い方も診断します。ある小学校で時間の使い方を診断する校内研修会を開催したところ、共用の事務用品の補完場所の位置や使い勝手が悪く、思わぬ時間がかかっていることがわかり、改善しました。また、独身の若手教師が多いので、つい長時間おしゃべりをして夜中まで職場にいることも多いことに気づきました。教師間のコミュニケーション自体は必要ですが、長期的にはよくない影響が教師にも子どもにもでてくる懸念もあるので時間を意識する必要があることが話し合われました。

（4）『仕事を整理する』。ドラッカーは『行う必要のない仕事を見つけて捨てる』ことを勧めました。今まで実施してきたことをやめるのは勇気を要します。しかし、ドラッカーは、その仕事をしない場合に『何が起こるか』を考え、『何も起こらない』のであれば、仕事を廃棄するよう提案します。直接的な教育活動に関わらない仕事は可能な限り削減を試みたいものです（**事例5**を参照）。カリキュラムの内容についても、見直す必要があります。現代的な課題に関わる教育へのニーズが高まっていますが、それらを導入する際は、既存の教科・領域等のねらいや内容と照らし合わせて、教材のひとつとして組み込めないかを検討します。形骸化してきている行事はないか、ひとつの体験活動を複数の単元に生かせないかも考えます（**事例4**を参照）。

（8）『人の時間を無駄にしない』（11）『組織の構造を点検する』。教職員が無駄だと感じている時間はないでしょうか。ドラッカーは、定期的に部下に尋ねよといっています。学校の場合、教師がどうしても確保したい時間は、授業とその準備でしょう。授業以外では、子どもに直接向き合う時間でしょう。ドラッカーは「組織構造の間違い」のひとつとして「会議の多さ」を挙げました。『理想的に設計された組織とは、会議のない組織である』ともいっています。近年では、会議や委員会を完全に無くして成果をあげる学校もできています。本当にこの会議は必要なのか、情報を共有できる方法は会議以外にはないのか、を考えたいものです。会議を精選するためには、（12）『情報の入手を容易にする』工夫も必要です。

（9）『混乱を繰り返さない』。時間を有効活用するためには、失敗や危機を可能な限り回避することも重要です。学校で事件事故が起こり、まして初期対応が不適切であれば、膨大な対応が必要になり、通常の教育活動は滞り教職員には疲労が蓄積し、更なる失敗や危機さえ引き起こしかねません。一番の被害者は子どもです。ドラッカーは混乱を避けることは「有能な人が経験から学んだことを体系的かつ段階的なプロセスにまとめること（ルーティン化）」によって可能だと述べました。教職員の経験値を集めることはここでも重要です。危機管理の意味で、行事、日課、校務分掌等についての一定のマニュアル化は必要です。**事例5**の大岱小学校では長期休業期間に、教職員のヒヤリハット経験を出し合い、そのような危機を防ぐためにとるべき日常の行動について話し合い、それを「ＯＪＴノート」にまとめていました。平穏で授業に集中できる環境づくりのために、「経験→評価→改善策→計画（マニュアル化）→ルーティン化」は必要です。

事例5　「子どもと向き合う時間」「授業づくりの時間」を生み出すマネジメント

事例1（20頁）で紹介した西留元校長の時間マネジメントを紹介します。西留元校長は、「当たり前のことを変える」「当たり前のことをやめる」を信条に、「教師が子どもと向き合う時間」「授業づくりに取り組む時間」を創りだす、大胆なシステム改革（**図1**（16頁）のモデル図では「ウ．組織構造」にあたる）を断行しました。

①職員会議・委員会の全廃：最初は長期休業中に限り職員会議を実施していましたが、後述する②③の手だてがうまく回るようになるとそれも廃止しました。放課後、教師は基本的に子どもと過ごします。個別に補充学習をさせたり、学級でドッジボールをすることもあります。必要なときは、16：40以降に、さっと集まりスタンディングミーティングを行います。

②一役一人制：委員会を行わないので校務分掌は個人に割り当てました。一人一役ではありません。力量に応じて、一人が多くの分掌を担当する場合もあります。行事等の企画は担当者が一人で行い、主任、主幹教諭、副校長、校長に稟議し、その過程で指導します。担当者である教諭に責任をもって取り組ませることで、学校全体に関わる意識と力量の形成を図りました。

③ＤＣＡＰサイクル：②を補完する手だてです。行事や主要な教育活動が終わるとその日のうちに、関係職員（あるいは全職員）が、成果と課題、改善策を出し合う一〇分程度のワークショップを行います。そこでの意見は記録され、その記録をもとに、担当者は三日以内に次年度の企画案を作成します。鉄は熱いうちに打て、です。評価と改善案が必ず計画に反映されます。しかも多くの教職員の意見が集まったものです。各行事・教育活動で行うので、一年たつと次年度の行事計画はすべて出来上がっています。

④一月始まりの仕事歴：学校評価を早く終わらせ、校長は一〇月には次年度の学校経営案を教職員に示します。教育課程は八月から作り始め、冬休み中に完成させます。そして、一月には校務分掌を交代します。そのねらいのひとつは、「一役一人制」の円滑運営のためです（四月に転任の可能性があるため、一～三月で引き継ぎをする）。最大のねらいは、三月～四月の教職員の事務負担を軽減し、特に新学期、担任教師が子どもとしっかりと関わる時間的ゆとりを生み出すためです。

⑤行事プログラムの固定化：たとえば運動会のプログラム（競技種目と順番）は基本的に変えません。ただし、毎年、六年生が主体的な学習の一環として演技内容の創作に取り組みました。

⑥午前中五時間制の一部導入：午前中四時間の時間割と、午前中五時間の時間割の二種類を用意しました。学級担任が午後に出張する日は、その学級のみ午前中五時間の時間割に切り替え、授業カットや自習をなくしました。各学年、年間一〇〇時間程度の余剰時数を生み出したため、ゆとりをもって授業を進めることができた他、緊急事態が生じても余裕をもって対応できました。

⑦「仕事歴」の作成：行事や研究授業関連の職務の締め切り日が明記された「仕事歴」作成によって、見通しをもてるようにしました。

⑧アウトソーシング：運動会のスターターや用具係は、係の児童とともに地域の人が担いました。特に同校を卒業した中学生がスタッフとして活躍しました。学級担任は、児童の応援席に張り付き、児童とともに声援を送ります。学期中児童が毎朝一枚取り組むドリル、長期休業中のサマースクール（毎日一時間、自由参加）のドリルの採点も地域の協力者、中学生、保護者が行いました。ホームページ作成・更新も保護者が協力しました。

⑨一部教科担任制：子どもへの効果が第一義の目的ですが、同時に、若手教師が担当する教科数を絞ることで、教材研究のためのゆとりと複数回同じ授業を繰り返す機会を確保しました。若手教師の得意教科づくりに役立ちました。

⑩その他：児童が直接事務的提出物を担任を経由せず直接投函する「朝イチ箱」の設置。印刷機は、ボタンひとつで「全学級の児童数／家庭数」が印刷できるようプリセット。

⑪新しい取り組みを開始する前に、必ず校長が保護者宛に、取り組みについて理解を求める学校便りを出しました。

これらの取り組みには異論がある部分もあるかもしれません。本当にできるのか、という疑問もあるかもしれません。しかし、第1章でも述べたように、「子どもと向き合う時間」「授業づくりの時間」を教師に保障することは喫緊の課題です。時間は有限です。よいと思ってもすべてを行うことは不可能です。そして、教師には教師にしかできない仕事があります。選択しなくてはなりません。選択の基準は、過去からの慣習にあるのではなく、常に「子どもにとってどうなのか」という問いの中にあります。

（5）『仕事を任せる』。まず、校内での役割分担です。カリキュラムに関わって言えば、一部教科担任制は、子どもの中一ギャップ解消だけでなく、教師の授業準備の負担軽減および授業力育成の効果も見込めます。複数学級の学校であれば、同じ授業を二、三回繰り返すことで、授業とカリキュラムが練り上げられます。複数学年の同じ教科を担当すれば、その教科の系統性の理解が進みます。特に若手教師が集中して取り組める教科を設けることによって、その教科についての力量向上と自信の形成につながります。

次に、学校外部との連携です。地域や保護者と共に取り組める教育活動は多くあります（**事例6**参照）。ただ、地域との関わりがかえって教師を多忙化させている実態もあります。学校が地域の行事等に関わる場合は、カリキュラムにどのように組み込めるのか、どのような教育効果があるのかを十分検討の上、学校としての方針を明確にして、可能な関わり方を提案します。受け身ではなく教育の主体者として、どのような協力が必要なのか積極的に提案する「攻め」の姿勢が必要です。ただし、地域の力を一方的に享受する姿勢では協働とはいえません。学校応援団にとっても喜びやメリットがある、お互いウィンウィンの関係構築が必要です。たとえば、総合的な学習の時間の内容を地域貢献型にし、子どもが郷土愛をもち、大人とともに地域を住み良くする活動に取り組む姿は、地域の大人たちに希望をもたらします。ボランティアの物的心的な居場所（くつろいでボランティア同士がおしゃべりできる部屋、ちょっとした茶菓子、教師や児童のにこやかな挨拶など）を用意することは前提条件です。

最後に、子どもの自立をめざす教育の一環として、子どもに任せることを増やします。最初は粘り強い指導が必要ですが、子どもが自分たちで学習環境を整え、自分たちで学びを進めていく力や態度を育成すべきです。そして、子どもの自律的な活動が増えれば、教員は子どもをほめるチャンスが増えます。そして、結果的には教員の時間の使い方も変わってくるでしょう。

これまで論じた「仕事を任せる」は、仕事を下請けしてもらうことではありません。主体的な参画を促す、ということです。従って、重要なことは、関係者が課題、目的、目標、過程等についての情報を共有し、結果をフィードバックすることです。

事例６　みんなの力で学力向上！―小嶋悦子元校長（福岡市立高宮小学校）

「新しい公共」型学校づくりをめざした福岡市立高宮小学校（小嶋悦子元校長）は、学校（プロジェクトチーム）、家庭（ＰＴＡが中心）、地域（公民館が中心）の三者で「学習指導コミュニティ」を立ち上げ（他にも四つのコミュニティを形成）、子どもの家庭学習の定着や学力向上で成果を上げた学校です。

都市部にある高宮小学校では、学習の土台である「早寝早起き朝ご飯」の定着を課題とし、食育や朝の外遊び活動に力を入れました。高宮小学校は午前五時間制を採用しており、八時二〇分に朝の会、八時三〇分に一校時が始まります。児童の多くは、六年生の「遊びボランティア」が見守る中、校庭で遊び、「元気玉」と名付けられたボトルキャップを学年の箱に入れます。どれだけの児童が遊んだか「見える化」することで、児童は競って遊びました。他にも、「がんばろうか」という職員室前の廊下の学習スペースに設置された引き出しからプリントをとって学習する児童や、「花の水やりボランティア」「玄関そうじボランティア」「あいさつ運動ボランティア」で活動する児童もいました。このような取り組みの成果で、遅刻者数を大きく減らし朝の学習のスタートをスムーズにしました。

小嶋元校長は、学校裁量の予算はできる限り報償費に使いました。図工や音楽には芸術家を、外国語活

図8　高宮小学校の見える化

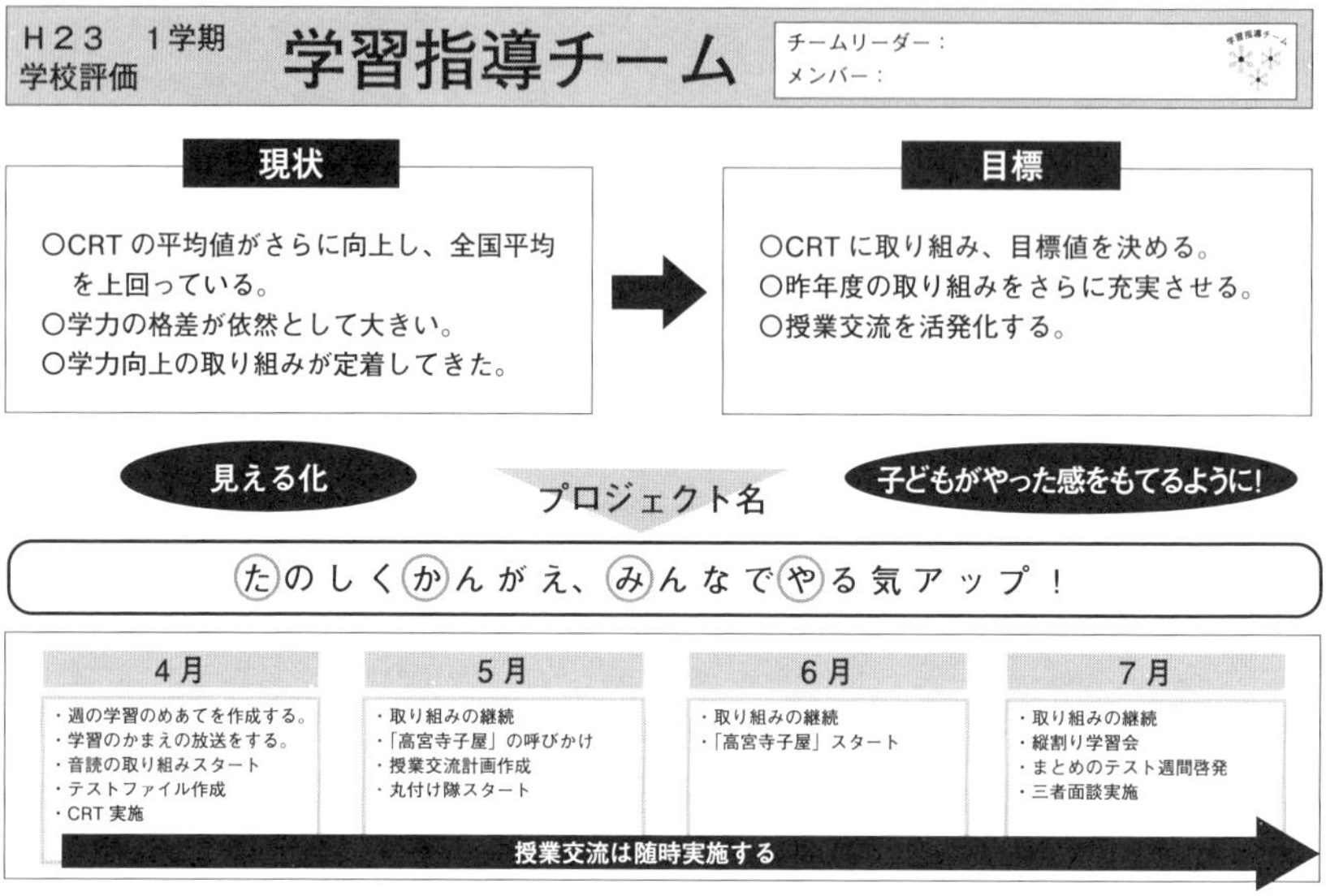
H23　1学期
学校評価
学習指導チーム
チームリーダー：
メンバー：
現状
○CRTの平均値がさらに向上し、全国平均を上回っている。
○学力の格差が依然として大きい。
○学力向上の取り組みが定着してきた。
目標
○CRTに取り組み、目標値を決める。
○昨年度の取り組みをさらに充実させる。
○授業交流を活発化する。
見える化
プロジェクト名
子どもがやった感をもてるように！
たのしくかんがえ、みんなでやる気アップ！
4月
・週の学習のめあてを作成する。
・学習のかまえの放送をする。
・音読の取り組みスタート
・テストファイル作成
・CRT実施
5月
・取り組みの継続
・「高宮寺子屋」の呼びかけ
・授業交流計画作成
・丸付け隊スタート
6月
・取り組みの継続
・「高宮寺子屋」スタート
7月
・取り組みの継続
・縦割り学習会
・まとめのテスト週間啓発
・三者面談実施
授業交流は随時実施する

動には英語の専門性と海外在住経験のある地域住民を迎えました。この取り組みは、学級担任の心的・時間的負担を軽減しつつ児童への教育効果を高めました。また、学級担任にとっては、当該授業に責任をもって関わる過程でスペシャリストから学ぶことが多く、研修効果もありました。保護者や地域のボランティアが「丸つけ隊」として、毎週水曜日のスキルタイム（ドリル学習）に各学級を訪れました。プリントが終わった児童はボランティアの前に並びます。丸付け後、「よくできたね」とボランティアが声をかけると児童は嬉しそうな笑顔になりました。その間、学級担任は個別指導に力を注ぎました。教育課程外ではありますが、週一回の「寺子屋放課後学習（少人数の補充学習）」には数人の退職校長をはじめとした地域のボランティアが集まり、専科の教師とともに児童の学習を支援しました。その間、他の教職員は研修に集中できました。

他にも、総合的な学習の時間や家庭科等の教科、行事などに、多くの地域住民（中学生を含む）や保護者が関わりました。運動会のとき、参観に招待されたボランティアを見つけると、児童が自分の保護者を連れてきて、「丸付けをしてくれる先生だよ」と紹介し、保護者が御礼をいいます。そのようなやり取りが協力者の喜びになっていました。子ども同士も、毎週金曜日のスキルタイムには縦割りグループで学習する機会が設けられ、高学年児童が真剣に、低学年児童の丸付けや指導に取り組む姿がみられました。

このような協働的な取り組みを推進するために、同校では「見える化」にも取り組みました。**図8**はその一貫として、廊下に張り出された掲示物のひとつです。学校評価と連動して、現状と目標、キャッチフレーズ、取り組みが一目でわかるようになっています。また、ボランティア・チームごとの顔写真や取り組みの様子を掲示したり、図工の作品に子どもの顔写真とコメントをつけて掲示したりして、一人ひとりの子どものがんばりや成果が見えるようにも工夫されていました。

Ⅵ　参画を促すリーダーシップ

マネジメントには「他者を通じてパフォーマンスする[12]」という面があります。校長をはじめとした管理職、教務主任、研究主任等といったリーダーは、直接、自分がすべての授業をするわけにはいきません。カリキュラムを実施（授業）するのは、自分以外の教職員です。ひとたび教室に入れば教職員一人ひとりの裁量は大きく、だからこそ学校では、一人ひとりの教職員が、学校としての目標やカリキュラムを十分に理解し納得し当事者意識をもつことが必要です。学校の教職員一人ひとりが、学校の教育課題と教育目標を自分の言葉で語れるでしょうか。教育目標に迫るための教育方法について、学校としての取り組み、学校の取り組みと関連した自分なりの取り組みについて、具体的に説明できるでしょうか。リーダーは、めざす授業方法を具体化し、研修の場を設け、研究等に必要な環境を整備するなどの支援をしなければなりません。

①課題、目標、手だて、過程、成果の共有化を図ります。学力調査の結果はカリキュラム上の要因との関連まで分析して示したいところです。

②一方的に説明するだけではなく、教職員がデータを解釈したり、目標を具体的な子どもの姿として表現したり、実践を振り返ったりする機会を設けます。構想や原案作成は主任が行いますが、年度や学期の節目、研究授業の機会などを利用して、全員が「みんなで創った」という感覚がもてるよう、教職員の参画の場を設けます。この点、短時間で多くの意見やアイデアを出し合い、それを共有化できるワークショップ型校内研修は有効です。

③ワークショップは目的を明確にして実施します。小グループでの協議の後、各グループが発表して終わり、ではなく、全体をまとめて価値づけたり今後の方向性や取り組みの行程を確認したりします。他の教職員に議論の要点をまとめてもらったり、今後の取り組みへの抱負などを述べてもらったりするのもよいでしょう。模造紙を話し合いに活用したなら、教職員が見やすい場所に掲示しておきます。A3用紙を台紙として、小さめの付箋に書きこんで貼るようにすれば、そのまま印刷して全員に配布できます。

④ワークショップ実施の前提は信頼です。この学校の先生方は、前向きに協力してくれる、という信頼をもって臨みます。ワークショップがうまくいかないときは、ねらいや課題の示し方、条件整備に何か不備があるかもしれない、と見直します。話し合う内容は、できるだけ具体的な題材にします。また、抽象的な思想や理論ではなく、子どもの具体的な姿に基づいて話し合うよう促します。

⑤めざす子どもの姿やモデルとなる授業を具体的に示します。主任自ら授業を積極的に公開したり、他校の実践の映像を示したりして、子どもの生の姿を見せるのは効果的です。論より証拠、です。
⑥フィードバックによるモチベーション向上を心がけます。同僚のよい実践を探し、研修便り等で取り上げます。
⑦自分自身のためにも、同僚の中に、相談しやすく、理解や協力をしてくれる仲間を探します。「これは」という研修会・研究会には誘いあわせて参加しましょう。めざす方向性や情報を共有できる同僚がいるのは心強いものです。

Ⅶ　マネジメントにおける校長の役割

筆者がこれまで学校の研究に関わった中で、痛感していることは、校長のビジョン、意思と責任が示されない学校では、カリキュラムマネジメントは活性化しない、ということです。Ⅴで示したような、時間の使い方の根本的な見直しは、校長の決断なくしては、不可能です。行政から「降ってくる」諸課題を、どの程度学校におろすのか、何に重点をおくのか、それも校長の匙加減で決まります。我が校の子どものためのビジョンを強い意志で示していただきたいと思います。

校長のビジョンを具現化するものがカリキュラムです。校長自身がビジョンとカリキュラムを意識的に結びつけて明確に提示することが、カリキュラムマネジメントの活性化、ひいては授業改善、教育活動の成果を築く土台となるでしょう(13)。筆者は、カリキュラム実施者（授業者）の主体性を引き出すためのワークショップ型校内研修などボトムアップの方法論を提案してきましたが、それが有効なのは、校長の大きな方針やビジョンがしっかりと示され、かつ具体的な実践においては教職員の意見やアイデアが柔軟に受け入れられる場合です。そして、最終的には、校長がはっきりと判断、決断を示す場合です。それがなければ、教務主任等のミドルリーダーは不安で動けません。教職員はボトムアップが受け入れられない経験が重なれば、組織のために尽力しても無駄だと思ってしまいます。

改革ばかりが大切だとは思いません。今までやってきたことを継続させることも重要です。変えるのか、続けるのか、それを決めることができるのも、校長です。

Ⅷ　みんなで創る、やりながら考える

筆者が研究を始めて間もないころ、訪問した小学校の副校長からきいた、「私たちは、（カリキュラムを）みんなで創り続けてきました」という言葉に感銘を受けました。「みんなで＝協働性」「創り＝創造性」「続ける＝継続性」は、カリキュラムマネジメントを推進する組織文化です。

学校の組織文化は、ひとつの学校において大方の教職員に共有され根付いているものの見方や考え方、行動様式などを指します。一般に、「この学校の教職員の意識」とか「学校の体質」などと言われるものです。第2章で示した**モデル図**（16頁）には「エ．組織文化」と示しました。これは、目には見えにくいのですが、重要な要素です。組織文化に、児童生徒に共有された文化や、学校に定着した校風文化を加えたものが「学校文化」です。カリキュラムマネジメントにおける学校文化の重要性を最初に指摘した中留武昭は、同僚性

をベースにした、「ウチとソトに開かれた協働性」形成の重要性を主張しました(14)。「ウチ」とは、校内の教員間、学年間、教科間を指します。「ソト」とは、地域や保護者、企業や行政といった学校外部を指します。「小学校教師調査」では教師としての悩みや問題が起きたときの解決方法として「同僚の教師どうしでサポートし合っている」が第一位（四六％）です。教師のいわゆる「個業性」はこれまでも問題点として指摘されてきましたが、近年の社会や子どもの変化の激しさや多様性は、一人の担任教師がすべて対処するにはあまりに大きく、私的に仲が良いだけでなく、教育活動の面で、同じ目標を共有しながら力を合わせる教員組織をつくりたいものです。そのためには、目標共有や協働的に授業やカリキュラムの開発を実践する機会をつくったり、日頃からお互いに教室を開いて授業を参観したり交換したりする営みが必要です。

事例3（28頁）の矢ヶ部小学校の橋本前校長は「チーム矢ヶ部」を掲げ、①目標の共有、②切磋琢磨、③成果の評価の徹底を、「考え、学び合う教職員集団」の3つの条件として取り組みました。公開授業の前には全員で授業のシミュレーションをします。だから、公開授業もワークショップ型の協議会も全員が当事者意識をもって臨みます。職員室のホワイトボードの前に全員が集まる一五分程度のスタンディングミーティング、学習指導案や子どもの家庭学習ガイドブックなどの共有を通して、チーム力を高めました。

校内だけでなく、他校からも学びたいものです。他校の実践は、ときとして発想の転換をもたらしてくれます。先進校の努力と英知に敬意を払い、良い実践を取り入れます。他校の実践をそのまま「借り真似」するだけではうまくいきませんが、自分の学校の実態に合わせて修正していけば、それは「カリマネ（カリキュラムマネジメント）」です。学校を超えて、教師がつながり、学び合い、それぞれ課題に応じ、特性を生かして修正を加え、実践を積み上げ練り上げていく。そういう教師文化でありたいものです。

「第二期教育振興基本計画」が今後の社会の方向性として「自立」「協働」「創造」を示しましたが、これは奇しくもカリキュラムマネジメントのキーワードでもあります。カリキュラムに関して自立的な教職員が、学校の目標に向けて組織的に協働しながら、創造的にカリキュラム実践に取り組む姿は、子どもの「自立」「協働」「創造」への礎になるのではないでしょうか。

最後に、あまり完璧を求めないことです。「ザ・ベストよりベター」を求めるマインドが実践を前進させます。たとえば、**事例3**（28頁）の矢ヶ部小学校は、**事例2**（23頁）で紹介した北条小学校のカリキュラム管理室の情報を得ると、学校で研究していた国語の分だけ、各学年三つの引き出し（各学期分）を準備し、当該年度の実践の蓄積を始めました。児童の作文や典型的なテストの回答などをコピーして入れておくのです。この一歩の前進が大きいのです。「できるところからやってみる」「やりながら考える」これらは、カリキュラムマネジメントをうまく推進している校長先生方から聞いた言葉です。一歩進んだらそれを認めて喜ぶ。うまくいかなくても、チャレンジしたことを認め、うまくいかない要因を考えて修正する。子どもの成長を願い、自らも成長し続ける教師集団でありたいものです。

---

(1) 日本標準教育研究所『小学校教師の意識についてのアンケート――実施報告書』二〇一三
(2) ＯＥＣＤ国際教員指導環境調査（ＴＡＬＩＳ）国立教育政策研究所ウェブサイト http://www.nier.go.jp/kenkyukikaku/talis/（二〇一四年九月一一日確認）
(3) Ｇ・ウィギンズ＆Ｊ・マクタイ著（西岡加名恵訳）『理解をもたらすカリキュラム設計――「逆向き設計」の理論と方法』日本標準、二〇一二、一一四頁
(4) 『学校教員統計調査――平成二五年度（中間報告）の結果の概要』文部科学省ウェブサイト http://www.mext.go.jp/b-menu/toukei/

chousa01/kyouin/kekka/k-detail/1349035.htm（二〇一四年九月一一日確認）

(5) 『平成二五年度全国学力学習状況調査（きめ細かい調査）の結果を活用した学力に影響を与える要因分析に関する調査研究』国立教育政策研究所ウェブサイト http://www.nier.go.jp/13chousakekkahoukoku/kannren_chousa/hogosya_chousa.html（二〇一四年九月一一日確認）

(6) P・グリフィンほか著（三宅なほみ監訳）『二一世紀型スキル：学びと評価の新たなかたち』北大路書房、二〇一四

(7) 行政の文書では、「カリキュラム・マネジメント」と記されるが、筆者はカリキュラムとマネジメントを一体にとらえる立場から引用部分以外は「・」のない表記を採用している。

(8) 本事例紹介は、筆者による二〇一一年の訪問調査および、羽島真史「カリキュラム管理室を活用した授業開発（北条プランの今）」田村知子編著『実践・カリキュラムマネジメント』ぎょうせい、二〇一一、一八六―一九二頁に基づいて執筆した。

(9) 中留武昭『総合的な学習の時間――カリキュラムマネジメントの創造』日本教育綜合研究所、二〇〇一

(10) ラルフ・W・タイラー著（金子孫市監訳）『現代カリキュラム研究の基礎―教育課程編成のための―』社団法人日本教育経営協会、一九七八

(11) P・F・ドラッカーほか著（上田惇夫訳）『プロフェッショナルの原点』ダイヤモンド社、二〇〇八、一一―三五頁

(12) Magretta, Joan, *What Management Is*. Raphael Sagalyn Inc., 2001. ジョアン・マグレッタ著（山内あゆ子訳）『なぜマネジメントなのか』ソフトバンクパブリッシング、二〇〇三

(13) この点については、天笠茂『カリキュラムを基盤とする学校経営』ぎょうせい、二〇一三、五〇―五四頁を参照。

(14) 中留武昭「学校経営における協働文化の形成と専門職性の再吟味」中留武昭・論文編集委員会編『二一世紀の学校改善』第一法規、二〇〇三、二四四―二七四頁

おわりに～今のひと踏ん張りが正のスパイラルをつくる～

学校を取り巻く状況は厳しさを増しているようです。しかし、悲観してばかりいては、負のスパイラルに陥ってしまいそうです。行政に対して要求し続け、近い将来のよりよい条件整備を獲得する運動は必要です。同時に、目の前の子どもたちのために、「今、私たちができること」の質を高めていく必要があります。政策は確かに上から降ってくるように感じますが、受け身にならずに、教育実践の主体者であることに誇りを持ち、「攻め」の姿勢で取り組みたいものです。

本書で示してきた方法は、カリキュラムマネジメントを意識しない毎日に比べると、実践メモを残す、それを基に計画を見直す時間をとる、カリキュラムを学校内外の関係者と共有するなど、「ひと踏ん張り」を要求するものです。しかし、先を見据えた今のひと踏ん張りが、近い将来の正のスパイラルをつくります。何もかもいっぺんに始める必要はありません。まずは、一歩踏み出してみませんか。

●著者紹介

田村知子（たむら ともこ）

大阪教育大学大学院（連合教職実践研究科）教授　博士（教育学）
中央教育審議会 専門委員（平成 26 年 11 月～平成 27 年 12 月）
全国的な学力調査に関する専門家会議委員（平成 27 年 6 月～平成 29 年 3 月）
教育研究開発企画評価会議協力者（平成 26 年 11 月～平成 30 年 10 月）

主な著書に、『カリキュラムマネジメント・ハンドブック』［編著］、『実践・カリキュラムマネジメント』［編著］、『「カリマネ」で学校はここまで変わる！』［共編著］、『学びを起こす授業改革』［共編著］（以上、ぎょうせい）、『カリキュラムマネジメントが学校を変える』［共著］（学事出版）など。

日本標準ブックレット No.13

カリキュラムマネジメント

―学力向上へのアクションプラン―

2014 年 11 月 20 日　第 1 刷発行
2019 年 5 月 30 日　第 5 刷発行

著　者　田村知子
発行者　伊藤 潔
発行所　株式会社 日本標準
〒 167-0052　東京都杉並区南荻窪 3-31-18
Tel 03-3334-2640〈編集〉 03-3334-2620〈営業〉
ホームページ　http://www.nipponhyojun.co.jp/
デザイン・制作　有限会社 トビアス
印刷・製本　株式会社 リーブルテック

ISBN 978-4-8208-0580-9

「日本標準ブックレット」の刊行にあたって

日本国憲法がめざす理想の実現は、根本において教育の力に待つべきものとして教育基本法が制定され、戦後日本の教育ははじまりました。以来、教育制度、教育行政や学校、教師、子どもたちの姿など、教育の状況は幾多の変遷を経ながら現在に至っていますが、その中にあって、日々、目の前の子どもたちと向き合いながら積み重ねてきた全国の教師たちの実践が、次の時代を担う子どもたちの健やかな成長を助け、学力を保障しえてきたことは言うまでもないことです。

しかし今、学校と教師を取り巻く環境は、教育の状況を越えて日本社会それ自体の状況の変化の中で大きく揺れています。教育の現場で発生するさまざまな問題は、広く社会の関心事にもなるようになりました。競争社会と格差社会への著しい傾斜は、家庭や地域社会の教育力の低下をもたらしています。学校教育や教師への要望はさらに強まり、向けられるまなざしは厳しく、求められる役割はますます重くなってきているようです。そして、教師の世代交代という大きな波は、教育実践の継承が重要な課題になってきていることを示しています。

このような認識のもと、日本標準ブックレットをスタートさせることになりました。今を生きる教師に投げかけられている教育の課題は多種多様です。これらの課題について、時代の変化に伴う新しいテーマと、いつの時代にあっても確実に継承しておきたい普遍的なテーマを、教育に関心を持つ方々にわかりやすく提示しようというものです。このことによって教師にとってはこれからの道筋をつける手助けになることを目的としています。

このブックレットが、読者のみなさまにとって意義のある役割を果たせることを願ってやみません。

二〇〇六年三月　日本標準ブックレット編集室